Herausgeber: Thomas Mitschke

Band 14

MANV-Simulation für Rettungsdienst und Katastrophenschutz

Andreas Knickmann
Malte Pütz
Timo Subat

S+K

Verlagsgesellschaft Stumpf & Kossendey mbH, Edewecht 2021

Anmerkungen des Verlags

Die Herausgeber bzw. Autoren und der Verlag haben höchste Sorgfalt hinsichtlich der Angaben von Richtlinien und Empfehlungen aufgewendet. Für versehentliche falsche Angaben übernehmen sie keine Haftung. Da die gesetzlichen Bestimmungen und wissenschaftlich begründeten Empfehlungen einer ständigen Veränderung unterworfen sind, ist der Benutzer aufgefordert, die aktuell gültigen Richtlinien anhand der Literatur zu überprüfen und sich entsprechend zu verhalten.
Die Angaben von Handelsnamen, Warenbezeichnungen etc. ohne die besondere Kennzeichnung ®/™/© bedeuten keinesfalls, dass diese im Sinne des Gesetzgebers als frei anzusehen wären und entsprechend benutzt werden könnten.
Der Text und/oder das Literaturverzeichnis enthalten Links zu externen Webseiten Dritter, auf deren Inhalt der Verlag keinen Einfluss hat. Deshalb kann er für diese fremden Inhalte auch keine Gewähr übernehmen. Für die Inhalte der verlinkten Seiten ist stets der jeweilige Anbieter oder Betreiber der Seite verantwortlich.
Aus Gründen der Lesbarkeit ist in diesem Buch meist die männliche Sprachform gewählt worden. Alle personenbezogenen Aussagen gelten jedoch stets für Personen beliebigen Geschlechts gleichermaßen.

Bibliografische Information der Deutschen Nationalbibliothek

Die Deutsche Nationalbibliothek verzeichnet diese Publikation in der Deutschen Nationalbibliografie; detaillierte bibliografische Daten sind im Internet über http://dnb.dnb.de abrufbar.

Gesamtherstellung und Druck: Bürger Verlag GmbH & Co. KG, Edewecht

Inhalt

Abkürzungen

Abb.	Abbildung
AG	Atemgeräusch
AKNZ	Akademie für Krisenmanagement, Notfallplanung und Zivilschutz
AöR	Anstalt öffentlichen Rechts
Aufl.	Auflage
BBK	Bundesamt für Bevölkerungsschutz und Katastrophenhilfe
BHP	Behandlungsplatz
BR	Bereitstellungsraum
bzw.	beziehungsweise
ca.	circa
Defi	Defibrillation, Defibrillator
d.h.	das heißt
dPS	dynamische Patientensimulation
DRK	Deutsches Rotes Kreuz
EKG	Elektrokardiogramm
e.V.	eingetragener Verein
evtl.	eventuell
DIN	Deutsche Industrie-Norm, Deutsches Institut für Normung e.V.
FwDV 100	Feuerwehr-Dienstvorschrift 100
FüSim	(dynamische) Führungssimulation
Geb.Dat	Geburtsdatum
gel.	gelegentlich
Geschl.	Geschlecht
Gr.	Größe
GW-San	Gerätewagen Sanität
i.d.R.	in der Regel
inkl.	inklusive
i.v.	intravenös
Joh.	Johannes
Kap.	Kapitel

KTW	Krankentransportwagen
Lkw	Lastkraftwagen
LNA	Leitender Notarzt
LSM	lebensrettende Sofortmaßnahmen
m	Meter
MANV	Massenanfall von Verletzten
min	Minute
mind.	mindestens
ml	Milliliter
NA	Notarzt
NaCl	Natriumchlorid
NEF	Notarzteinsatzfahrzeug
n.m.	nicht messbar
NotSan	Notfallsanitäter
NRW	Nordrhein-Westfalen
O_2	Sauerstoff
OrgL RettD	Organisatorischer Leiter Rettungsdienst
Pat.	Patient
RA	Rettungsassistent
RettHelf	Rettungshelfer
RettSan	Rettungssanitäter
RK	Rotkreuz
RM	Rettungsmittel
RR	Blutdruckmessung (nach Riva-Rocci)
RTH	Rettungshubschrauber
RTW	Rettungswagen
s.	siehe
S.	Seite
SanHelf	Sanitätshelfer
SK	Sichtungskategorie
SKK	Sichtungs-Konsensus-Konferenz
SpO_2	Sauerstoffsättigung
sys	systolisch
Tab.	Tabelle

u.a.	unter anderem
Ü-MANV	überörtliche Hilfe beim MANV
ÜÖ	überörtlich
usw.	und so weiter
VES	ventrikuläre Extrasystole
W	weiblich
ZA	Sichtungskategorie Rot – normal
ZB	Sichtungskategorie Rot – lebensrettender Handgriff erforderlich
z.B.	zum Beispiel

Vorwort

Durch die Aus-, Fort- und Weiterbildung von Einsatzkräften kann sichergestellt werden, dass alle Rettungsdienstmitarbeiter den gleichen Wissensstand haben. Im Rahmen der Grundqualifikation zum Sanitäter, Rettungshelfer, Rettungssanitäter oder Rettungsassistenten bzw. Notfallsanitäter sind zwar alle Einsatzkräfte bereits mit dem Thema Massenanfall von Verletzten (MANV) in Berührung gekommen. Während der MANV aber bei den Einsatzkräften aus dem Katastrophenschutz (Sanitäter bis hin zum Rettungshelfer) i.d.R. nur in zwei oder drei Unterrichtseinheiten behandelt wurde, sieht es bei dem Personal für die Notfallrettung (Rettungssanitäter, Rettungsassistent bzw. Notfallsanitäter) schon deutlich anders aus. Vor allem die Notfallsanitäterausbildung weist deutlich mehr Unterrichtseinheiten zu diesem Thema auf als die damalige Ausbildung zum Rettungsassistenten. In allen Ausbildungen werden die Gefahren der Einsatzstelle, der Führungskreislauf und somit die Führungslehre nach der Feuerwehr-Dienstvorschrift 100 (FwDV 100) „Führung und Leitung im Einsatz: Führungssystem" vermittelt. Aber wie sieht es mit dem Vorgehen bei einem MANV aus?

Damit bei einem MANV alle rettungsdienstlichen Beteiligten den gleichen Kenntnisstand haben und entsprechend handeln (können), müssen die Einsatzkräfte entsprechend fortgebildet werden, auch wenn sie unterschiedliche jährliche Fortbildungspflichten haben. Dies gilt genauso für die einzelnen Organisationen bzw. Fachdienste in der Gefahrenabwehr. Führungskräfte aus Feuerwehren, Katastrophenschutz bzw. Rettungsdienst haben eine unterschiedliche Grundqualifikation. Hier ist nicht nur die medizinische Qualifikation gemeint, sondern vielmehr die führungstechnische Ausbildung.

Um die Aus-, Fort- und Weiterbildung im medizinischen bzw. einsatztaktischen Bereich praxisnäher zu gestalten, gibt es viele Möglichkeiten. Praktische Übungen mit Einsatzkräften, Fahrzeugen und Notfalldarstellern mit geschminkten Verletzungen stellen eine Möglichkeit der Herangehensweise dar. Dabei spielt es keine Rolle, ob die Übung eine Teil- oder Großübung ist, denn der Personal- und Materialaufwand ist in beiden Fällen sehr hoch, ebenso wie die Übungskosten. Ferner stellt sich die Frage: Nehmen aus einer Großübung alle Beteiligten, ganz gleich ob Führung oder Behandlung/Betreuung, Erfahrungen oder einen Mehrwert für ihre Tätigkeit mit oder ist der Lernerfolg doch geringer als gedacht?

Um alle Beteiligten optimal auf solch ein Schadensereignis wie den MANV vorzubereiten, können bereits unterhalb einer aufwendigen Großübung mit realen Einheiten und Darstellern andere Systeme greifen. Schon seit einigen Jahren gibt es verschiedene Simulationstrainings für die einzelnen Bereiche der Behandlung/Betreuung bzw. der Führung. Da die Systeme unterschiedliche Schwerpunkte haben, werden die Einsatzkräfte dort abgeholt, wo ihre medizinische Grundqualifikation aufgehört hat, und für die Bereiche trainiert, in denen sie in einem MANV eingesetzt werden können. Es ist wenig sinnvoll, Sanitätspersonal mit einer Ausbildung von 48 Unterrichtseinheiten und abschließender Prüfung mit der Versorgung eines Patienten der Sichtungskategorie I (Rot) zu konfrontieren bzw. einen Notfallsanitäter pauschal in der Rolle eines Gruppenführers Rettungsdienst zu sehen, wenn er gar nicht die Ausbildung hierzu vorweist. Jede Einsatzkraft soll in einer Übung das anwenden können, wofür sie ausgebildet wurde. Das Ziel ist zwar die Einsatzkraft stellenweise an die Grenzen zu bringen, aber diese damit nicht zu überfordern.

Die Autoren stellen in den folgenden Kapiteln die erforderlichen Maßnahmen im Rahmen der Einsatzabarbeitung beim MANV und deren Übungsmöglichkeiten in der dynamischen Patientensimulation und der dynamischen Führungssimulation dar. Sie erläutern Ausbildern bzw. Trainern den Umgang mit Lernzielen, pädagogische Herangehensweisen und die Umsetzung von Teil- und Großübungen. Sie zeigen, wie Übungen effektiv nachbereitet werden können, damit sich ein Lernerfolg einstellt, und welche Möglichkeit es gibt, selbst Trainer in der MANV-Simulation zu werden. Fortbildungen zum Thema MANV finden häufig in eigenen Reihen statt. Trainer und Ausbilder sind oftmals die eigenen Kollegen, die sich sehr gut in den eigenen Strukturen auskennen und ein großes Interesse am Thema MANV sowie der Ausbildung haben. Durch die praxisnahen Simulationen können alle Einsatzkräfte einbezogen werden, sodass am Ende einer Großübung für jeden Beteiligten ein Lernerfolg gesichert ist.

1 Planung von Aus-, Fort- und Weiterbildungen

Beim Massenanfall von Verletzten (MANV) handelt es sich um einen Notfall mit einer größeren Anzahl von Verletzten sowie anderen Betroffenen. Der MANV erfordert daher besondere planerische und organisatorische Maßnahmen, die den Mangel an Einsatzkräften und Material in der präklinischen Versorgung, der bei einem MANV zwangsläufig entsteht, ausgleichen. Der MANV gehört genauso zum Einsatzspektrum von Einsatz- und Führungskräften aus Rettungsdienst bzw. Katastrophenschutz wie die Versorgung eines Herzinfarktpatienten. Der große Unterschied ist jedoch, dass der Herzinfarkt viel häufiger im Alltag des Rettungsdienstes auftritt als der MANV. Hierdurch entsteht eine gewisse Routine in der Abarbeitung dieses Notfallbildes. Ein MANV dagegen kommt sehr selten vor, entsprechende Arbeitsroutinen können sich daher kaum entwickeln und im Einsatzfall nicht abgerufen werden. Wie bereits erwähnt, kommt es bei einem MANV zu einem Ressourcenmangel in der präklinischen Versorgung. Die Einsatzkräfte bzw. Führungskräfte müssen deshalb durch gezielte Maßnahmen das Überleben der Patienten unter Mangelversorgung sicherstellen.

Um einen späteren Einsatzerfolg zu erzielen und damit einsatztaktische und medizinische Maßnahmen wie ein Zahnrad ineinandergreifen, müssen für diese besonderen Einsatzsituationen verschiedene Methoden in der Aus-, Fort- und Weiterbildung angewendet werden. Eine Möglichkeit sind Realübungen mit vielen Notfalldarstellern, Einsatzkräften und Rettungsmitteln. Diese sind jedoch in der Planung und Durchführung sehr aufwendig bzw. kostenintensiv. Hinzu kommt häufig, dass wahrscheinlich nicht jede Einsatz- oder Führungskraft anschließend einen Lernerfolg für sich verbuchen kann, da die Übungen und das Übungsziel für einige zu hoch oder zu niedrig angelegt waren (je nach individuellem Ausbildungs- bzw. Kenntnisstand). Deshalb sollten die Übungen an die jeweiligen Zielgruppen angepasst werden, bevor Realübungen durchgeführt werden. Es ist also sinnvoll, in Fortbildungen für den Rettungsdienst oder Katastrophenschutz einzelne Teilbereiche wie das Vorsichten von Verletzten, die Situation unter Mangelversorgung, das Betreiben einer Patientenablage oder die Schnittstellen in der Führungsorganisation zu trainieren.

Wichtig ist dabei, dass die einzelne Einsatzkraft oder Führungskraft das trainiert, wofür sie im Einsatz auch bestimmt ist!

Ein Rettungshelfer auf einem Krankentransportwagen (KTW) wird wahrscheinlich nicht die Aufgabe des Organisatorischen Leiter Rettungsdienst (OrgL RettD) übernehmen müssen. Er wird eher die Vorsichtung der Verletzten und lebensrettende Sofortmaßnahmen (LSM) durchführen oder in der Patientenablage bei der medizinischen Versorgung unterstützen. Um diese Maßnahmen sicher zu beherrschen, muss dies bei der Aus-, Fort- und Weiterbildung berücksichtigt werden. Ein Fahrzeugführer eines Notarzteinsatzfahrzeugs (NEF) hingegen wird bei einem MANV nicht nur medizinische Aufgaben wahrnehmen, sondern in vielen Rettungsdienstbereichen auch führungstechnische Verantwortung übernehmen. So könnte dieser z.B. den Unterabschnitt Erstversorgung oder Bereitstellungsraum im Einsatzabschnitt Medizinische Rettung führen. Um diese Aufgabe sicher erfüllen zu können, muss er die Schnittstellen zwischen Patientenablagen, Bereitstellungsraum, Transportorganisation usw. kennen und beherrschen.

Am Anfang der Aus-, Fort und Weiterbildung müssen also erst Teilbereiche, angepasst an die Qualifikationen und Aufgaben der Einsatzkraft bzw. Führungskraft, trainiert werden, bevor eine große Realübung durchgeführt werden kann. Solch ein Vorgehen kann unter Umständen einige Jahre in Anspruch nehmen. Als Übungserfolg darf nicht verstanden werden, dass es am Ende heißt „500 Einsatzkräfte haben den MANV geübt", sondern „500 Einsatzkräfte haben effektiv auf unterschiedlichen Ebenen ihre Leistung bei der Abarbeitung des MANV gezeigt bzw. trainiert".

1.1 Lernziele für die Aus-, Fort- und Weiterbildung

Bei der Planung von Aus-, Fort- und Weiterbildungen müssen nicht nur die Teilnehmer wissen, was ihr Lernziel ist, sondern auch der Ausbilder/Trainer muss wissen, was er vermitteln soll. Lernziele dienen dazu, ein Thema transparenter zu machen. Sie ermöglichen dadurch eine Standortbestimmung im Unterrichtsprozess und motivieren den Lernpartner. Durch die Aufbereitung der Inhalte erlauben Lernziele eine Schwerpunktbildung, die wiederum die Grundlage für Feinziele darstellt. Sie dienen der Auswahl an Methoden und Medien zur Vermittlung der Lerninhalte, sodass durch Lernziele eine bessere Planung der Aus-, Fort- und Weiterbildung gewährleistet ist. Lernziele lassen sich in drei Untergruppen unterteilen: Richt-, Grob- und Feinziele. Beim Richtziel handelt es sich um die übergeordnete Gesamtheit der Ziele. Beispiele für Richtziele, Grobziele und Feinziele einer MANV-Schulung könnten wie folgt lauten:

Richtziel

„Am Ende sollen alle Einsatzkräfte von Rettungsdienst und Katastrophenschutz ihre Aufgaben bei einem MANV kennen und die sichere Abarbeitung beherrschen."

Dieses Lernziel ist sehr abstrakt und für den Einzelnen nicht unbedingt greifbar. Aus diesem Grund muss das Richtziel weiter heruntergebrochen werden, damit ein Verständnis für den jeweiligen Inhalt geschaffen wird.

Grobziel

„Die Rettungswagenbesatzung lernt einen Vorsichtungsalgorithmus kennen, kann diesen anwenden und lebensrettende Sofortmaßnahmen durchführen."

Bei dieser Beschreibung wurde das Ziel weiter verfeinert und somit schon konkreter dargestellt. Das Grobziel beschreibt ein Thema, beim Feinziel wird der jeweilige Lerninhalt herausgegriffen und präzisiert.

Feinziel

„Die Rettungswagenbesatzung lernt den Vorsichtungsalgorithmus ‚xy' kennen und trainiert diesen in einer (Simulations-)Übung."

Lernziele können laut Bloom sechs verschiedenen Taxonomiestufen zugeordnet werden, die der Ordnung von Lernzielen dienen. Die Einstufung stellt eine Hilfe zur Formulierung von Lernzielen dar und ist nach verschiedenen Kompetenz- bzw. Anforderungsbereichen gegliedert. Den einzelnen Stufen lässt sich wie in TABELLE 1 eine Auswahl von Verben zuordnen. Dabei baut jede Stufe auf die vorangehende Stufe auf und beinhaltet sie.

Tab. 1 ▶ Taxonomiestufen nach Bloom (1976, modifiziert nach Eggenberger 2014)

Taxonomiestufe	Beschreibung	Verben	Beispiel
Wissen (Kompetenz- oder Anforderungsbereich [**K 1**]) – Faktenwissen – Kennen	Die Lernenden geben wieder, was sie vorher gelernt haben. Der Prüfungsstoff musste auswendig gelernt oder geübt werden.	angeben, aufschreiben, aufzählen, aufzeichnen, ausführen, benennen, beschreiben, bezeichnen, darstellen, reproduzieren, vervollständigen, zeichnen, zeigen, wiedergeben	Die Teilnehmer können den Sichtungsprozess beschreiben und die Sichtungskategorien wiedergeben.
Verständnis (K 2) – Verstehen – mit eigenen Worten begründen	Die Lernenden erklären z. B. einen Begriff, eine Formel, einen Sachverhalt oder ein Gerät. Ihr Verständnis zeigt sich darin, dass sie das Gelernte auch in einem Kontext präsent haben, der sich vom Kontext unterscheidet, in dem gelernt worden ist. So können die Lernenden z. B. einen Sachverhalt auch umgangssprachlich erläutern oder den Zusammenhang grafisch darstellen.	begründen, beschreiben, deuten, einordnen, erklären, erläutern, interpretieren, ordnen, präzisieren, schildern, übersetzen, übertragen, umschreiben, unterscheiden, verdeutlichen, vergleichen, wiedergeben	Die einzelnen Sichtungskategorien können von den Teilnehmern mit eigenen Worten erläutert und entsprechend zugeordnet werden.
Anwendung (K 3) – Umsetzung eindimensionaler Lerninhalte – Beispiele aus eigener Praxis	Die Lernenden wenden etwas Gelerntes in einer neuen Situation an. Diese Anwendungssituation ist bisher nicht vorgekommen.	abschätzen, anknüpfen, anwenden, aufstellen, ausführen, begründen, berechnen, bestimmen, beweisen, durchführen, einordnen, erstellen, entwickeln, interpretieren, formulieren, lösen, modifizieren, quantifizieren, realisieren, übersetzen, unterscheiden, umschreiben, verdeutlichen	Der Führungsvorgang wird in der Simulationsübung richtig angewendet. Durch die Durchführung können sie Lagen richtig einordnen und ihre Maßnahmen begründen.

TAB. 1 ▶ Taxonomiestufen nach Bloom (1976, modifiziert nach Eggenberger 2014)

Taxonomiestufe	Beschreibung	Verben	Beispiel
Analyse (K 4) – Zerlegen in Einzelteile – Fallstudien	Die Lernenden zerlegen Modelle, Verfahren oder anderes in deren Bestandteile. Dabei müssen sie in komplexen Sachverhalten die Aufbauprinzipien oder inneren Strukturen entdecken. Sie erkennen Zusammenhänge.	ableiten, analysieren, auflösen, beschreiben, darlegen, einkreisen, erkennen, gegenüberstellen, gliedern, identifizieren, isolieren, klassifizieren, nachweisen, untersuchen, vergleichen, erlegen, zuordnen	Die Teilnehmer können Einsatzabläufe nach Priorität gliedern, die Maßnahmen im Einzelnen beschreiben und so einsatztaktische Entscheidungen richtig analysieren.
Synthese (K 5) – Vernetzen und Optimieren – fachübergreifend darstellen – Projektaufgaben	Die Lernenden zeigen eine konstruktive Leistung. Sie müssen verschiedene Teile zusammenfügen, die sie noch nicht zusammen erlebt oder gesehen haben. Aus ihrer Sicht müssen sie eine schöpferische Leistung erbringen. Das Neue ist aber in der bisherigen Erfahrung oder in der Kenntnis der Lernenden noch nicht vorhanden.	abfassen, aufbauen, aufstellen, ausarbeiten, definieren, entwerfen, entwickeln, erläutern, gestalten, kombinieren, konstruieren, lösen, optimieren, organisieren, planen, verfassen, zusammenstellen	Die Teilnehmer müssen im Rahmen der Großübung verschiedene Bereiche organisieren. Hierbei müssen sie mit Dritten Maßnahmen kombinieren, die klar definiert werden müssen. Dabei müssen sie ihre führungstechnischen Entscheidungen erläutern können.
Beurteilung (K 6) Entspricht K4 mit zusätzlicher Bewertung durch die Lernenden	Die Lernenden beurteilen ein Modell, eine Lösung, einen Ansatz, ein Verfahren oder etwas Ähnliches insgesamt in Hinsicht auf dessen Zweckmäßigkeit oder innere Struktur. Sie kennen z. B. das Modell, dessen Bestandteile und darüber hinaus noch die Qualitätsangemessenheit, die innere Stimmigkeit oder Funktionstüchtigkeit. Darüber müssen sie sich ein Urteil bilden, um die Aufgabe richtig zu lösen.	äußern, auswählen, auswerten, beurteilen, bewerten, differenzieren, entscheiden, folgern, gewichten, messen, prüfen, qualifizieren, urteilen, vereinfachen, vergleichen	Die Teilnehmer müssen nach der Großübung in der Lage sein, ihre Leistungen selbst zu beurteilen. Ihre Entscheidungen im Nachgang zu bewerten und zu differenzieren, wo Schwachstellen im Ablauf lagen.

Lernziele waren in den letzten Jahrzehnten der Schwerpunkt von Aus-, Fort- und Weiterbildungen im Rettungsdienst und Katastrophenschutz. Auch heute noch finden sie auf der Standortebene breite Anwendung. Durch die Einführung des Berufsbildes „Notfallsanitäter/-in" sowie der Reform der medizinischen Assistenzberufe kam es zu einem Paradigmenwechsel in der Berufspädagogik. Heute gewinnt die lernfeldorientierte Ausbildung immer mehr an Bedeutung. Dabei handelt es sich um handlungsorientierten Unterricht, bei dem Lernende und Lehrende gemeinsam etwas tun, was zu konkreten Ergebnissen führt. Ihr gemeinsames Handeln fördert den Lernprozess und vermittelt Kompetenzen: Handlungsorientierter Unterricht ist ein aktiver und aktivierender Unterricht, der auf Ganzheitlichkeit abzielt. Die Struktur des Lernprozesses wird durch die Abfolge der Handlungsphasen Informieren, Planen, Entscheiden, Durchführen, Bewerten und Reflektieren bestimmt. Die MANV-Simulation gibt diesen Prozess genau wieder.

1.1.1 Auswertung von Lernzielen

Bei der Auswertung von Lernzielen wird das Lernergebnis mit dem zuvor festgelegten Lernziel verglichen (Lernbilanzierung). Dabei ist es wichtig, dass die Teilnehmer nicht demotiviert werden, wenn sie das Lernziel nur teilweise oder gar nicht erreicht haben.

Lernziele können auf unterschiedliche Arten bewertet werden. Eine sehr gute Möglichkeit im Rahmen von Stationsübungen, Simulationstrainings oder Realübungen ist es, wenn die Teilnehmer sich gegenseitig bewerten. Hierbei diskutieren sie anhand von Leitfragen ihre Ergebnisse, Erkenntnisse und Erfahrungen, die sie anschließend visualisieren. Leitfragen könnten u.a. sein:

- Was lief gut?
- Was lief nicht so gut und sollte verbessert werden?
- Was wollen wir ändern oder was nehmen wir mit?

Anschließend kann der Ausbilder/Trainer durch die Visualisierung aus seiner Sicht fehlende Punkte einbringen oder Schwerpunkte der Teilnehmer hervorheben bzw. besprechen. Durch diese Art der Auswertung wird der Ausbilder/Trainer eher als Lernpartner angesehen und nicht in die Rolle des „Besserwissers“ gebracht. Das Vorhaben „Was wollen wir ändern?“ kann bei der nächsten Übung direkt als ein weiteres Lernziel definiert und bei der Auswertung kontrolliert werden. So werden die Teilnehmer durch eigene Lernziele deutlich mehr motiviert.

1.1.2 Rolle des Ausbilders / Trainers

Der Erfolg von Aus-, Fort- und Weiterbildungen hängt maßgeblich vom Ausbilder/Trainer ab; er benötigt gewisse Kompetenzen. Er muss Experte in seinem Bereich sein, um das Fachwissen zu vermitteln. Dabei muss er jedoch auch in der Lage sein, sein eigenes Fachwissen zielgruppengerecht herunterzubrechen, dass der Teilnehmer nicht überfordert wird (didaktische Reduktion). Aufgrund seiner fachlichen Kompetenz sollte er das Vorwissen seiner Teilnehmer in das Unterrichtsgeschehen einbeziehen. Hierdurch wird eine stärkere Teilnehmerorientierung erreicht und durch Einbezug von Erfahrungen der Teilnehmer der Unterricht zugleich realitätsnäher und lebendiger. Der Ausbilder/Trainer kann durch seine persönliche Ausstrahlung auf die Teilnehmer motivierend wirken und somit deren Interesse wecken. Zu jedem Zeitpunkt der Ausbildung muss er erkennen, ob seine Teilnehmer die Aufgabe beherrschen, unterfordert oder überfordert sind. Durch diese Kompetenz kann er gezielt einzelne Teilnehmer fördern bzw. dort abholen, wo sie stehen. Ein entsprechender Lernerfolg ist dadurch bei jedem Teilnehmer individuell gegeben, was insbesondere das Ziel von Stationsübungen bzw. von Simulationstrainings ist.

1.2 Simulationstraining

Unter Simulationstraining versteht man eine artifizielle Nachbildung von relevanten Aspekten der realen Arbeitswelt, in unserem Fall von Einsatzstellen (RALL UND OBERFRANK 2016). Hier wird unter realer Arbeitsumgebung und vorhandenem Einsatzmaterial sowohl die fachliche wie auch kommunikative Kompetenz der realen Teams trainiert. Durch ein ausführliches Debriefing (Nachbesprechung) werden die Maßnahmen besprochen, was dazu führt, dass die Teams die Maßnahmen immer sicherer beherrschen.

Durch die Akademie für Krisenmanagement, Notfallplanung und Zivilschutz (AKNZ) des Bundesamts für Bevölkerungsschutz und Katastrophenhilfe (BBK) werden zwei Simulationssysteme für die Aus-, Fort- und Weiterbildung im Bereich der MANV-Lehre zur Verfügung gestellt. Aufgrund der unterschiedlichen Schwerpunkte der beiden Systeme können die medizinische sowie die führungstechnische Komponente bei einem MANV abgedeckt werden. Hierbei handelt es sich um die dynamische Patientensimulation (dPS) und die dynamische Führungssimulation (FüSim).

1.2.1 Dynamische Patientensimulation

Bei der dynamischen Patientensimulation (dPS) handelt es sich um ein System, bei dem der Schwerpunkt auf der medizinischen Versorgung mehrerer Notfallpatienten bei einem MANV liegt. Sie wurde entwickelt, um mit geringem personellen Aufwand den MANV realistisch darstellen bzw. üben zu können. Die Patienten werden durch laminierte DIN-A3-Karten (s. Abb. 2) repräsentiert. Die Versorgung der Patienten gliedert sich in fünf sogenannte Phasen, die zeitliche Abschnitte während der Übung darstellen.

Auf der Karte unterhalb jeder Phase befindet sich der derzeitige Zustand des Patienten, der durch Aufkleber abgedeckt ist. Eine Übungsphase dauert 15–20 Minuten. Danach gibt der Ausbilder/Trainer ein Zeichen und alle Übungsteilnehmer decken die nächste Phase auf. Danach stellt sich heraus, wie sich der Zustand des Patienten verändert hat. Der Zustand kann sich verbessern, gleich bleiben oder auch verschlechtern, dies ist abhängig davon, welche Maßnahme(n) die Übungsteilnehmer am Patienten durchgeführt oder unterlassen haben. Die Patientenzustände sind auf die getroffenen Maßnahmen abgestimmt, sodass der Ausbilder/Trainer nicht eingreifen muss. Hierdurch können die Übungsteilnehmer den Erfolg ihrer Maßnahmen selbst kontrollieren und Schwachstellen werden sofort sichtbar.

Kleine Aufkleber (s. Abb. 1) symbolisieren das benötigte Einsatzmaterial (u.a. Infusion, Blutdruckmessgerät). Die Anzahl der Aufkleber entspricht hierbei dem Einsatzmaterial, das auch in einem realen Einsatz tatsächlich vorhanden wäre. Durch diesen lokalen Bezug kann mit den Ressourcen geübt werden, die bei einem richtigen Einsatz auch zur Verfügung stehen würden. Dadurch entsteht ein hoher Wiedererkennungswert, was zu einer großen Akzeptanz bei den Übungsteilnehmern führt. Die Materialaufkleber sind zudem mit Größenangaben (z.B. Endotrachealtubus) versehen, sodass darauf geachtet werden muss, dass auch die richtige Größe für den Patienten verwendet wird. Zusätzlich dienen Zeitangaben dazu, den Übungsteilnehmern ein

Gefühl dafür zu vermitteln, wie lange z.B. eine Blutdruckmessung (1 min) dauert. Durch diese zeitlichen Vorgaben zu den Maßnahmen muss der Übungsteilnehmer – insbesondere in der Anfangsphase eines Einsatzes – gut überlegen, ob er den Messwert wirklich für die Patientenversorgung erheben möchte oder die wertvolle Zeit nicht besser für andere Maßnahmen nutzt. Auf diese Weise wird eine Entscheidung über den optimalen Einsatz von Ressourcen nach Notwendigkeit, Dringlichkeit, Verfügbarkeit sowie zeitlichem Aufwand trainiert und anhand der entsprechenden Konsequenzen für die Gesamtzahl der Patienten evaluiert.

Nicht nur die örtlichen Gegebenheiten oder vorhandenes Einsatzmaterial können berücksichtigt werden, sondern auch die entsprechenden Zielgruppen. In der Praxis können die Simulationsübungen mit unterschiedlichen Gruppengrößen und deren medizinisch-taktischen Qualifikationen durchgeführt werden. So kann eine Simulationsübung nur für Einsatzkräfte des Krankentransportes, der Notfallrettung

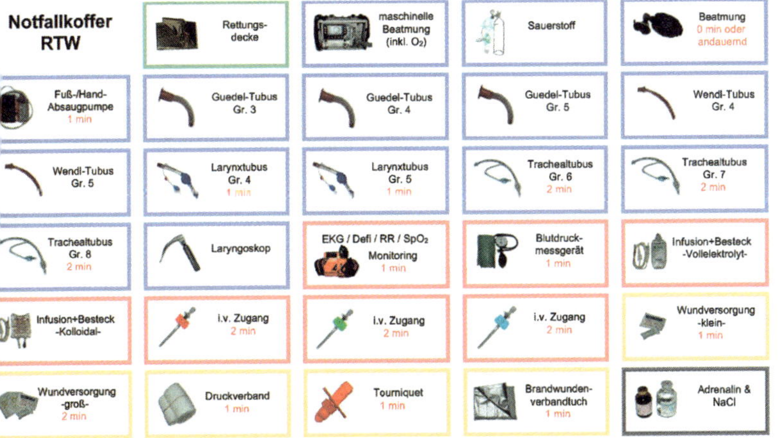

Abb. 1 ▶ Aufkleber symbolisieren das benötigte Einsatzmaterial

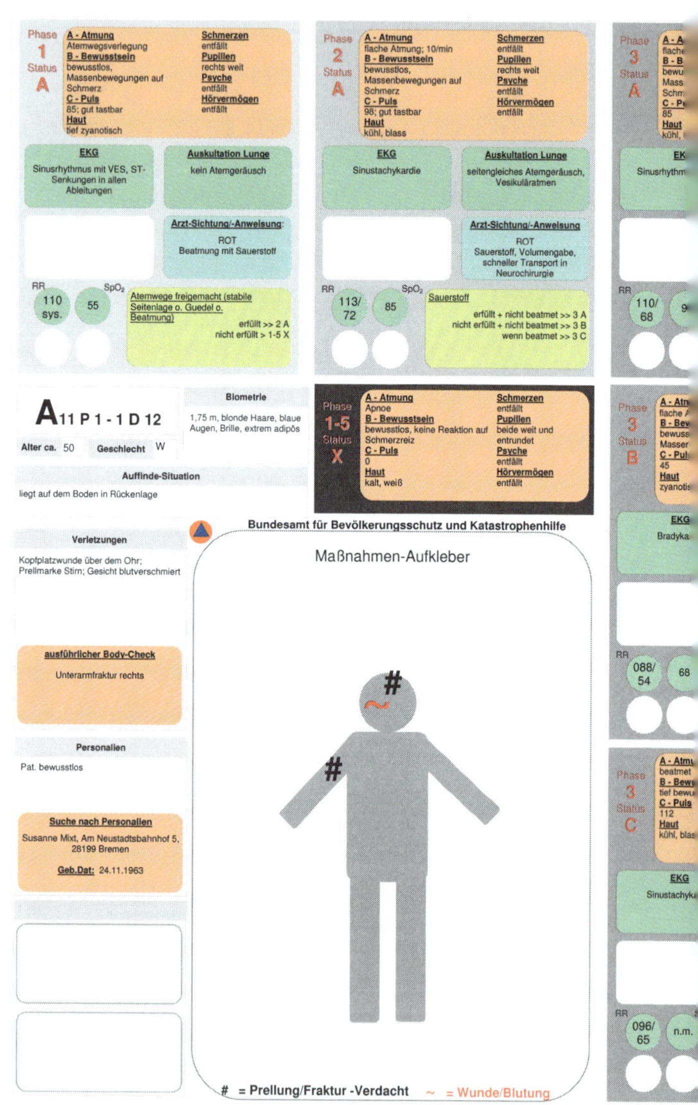

Abb. 2 ▶ DIN-A3-Karten mit aufgedeckten Patientenzuständen

Phase 4 Status A
A - Atmung
Schnappatmung; 3/min
B - Bewusstsein
bewusstlos, keine Reaktion auf Schmerz
C - Puls
50
Haut
grau marmoriert
Schmerzen
entfällt
Pupillen
rechts weit
Psyche
entfällt
Hörvermögen
entfällt
EKG
Bradykardie, ST-Streckensenkungen
Auskultation Lunge
kein Atemgeräusch
Arzt-Sichtung/-Anweisung
ROT
Beatmung, sofortiger Transport!
RR
115/ 58
SpO₂
92
Beatmung
erfüllt >> 5 C
nicht erfüllt > 1-5 X
Phase 5 Status A
A - Atmung
B - Bewusstsein
C - Puls
Haut
Schmerzen
Pupillen
Psyche
Hörvermögen
EKG
Auskultation Lunge:
Arzt-Sichtung/-Anweisung
RR
SpO₂
Simulations-Ende
Phase 4 Status B
A - Atmung
beatmet
B - Bewusstsein
tief bewusstlos
C - Puls
87
Haut
kühl, blass
Schmerzen
entfällt
Pupillen
rechts weit
Psyche
entfällt
Hörvermögen
entfällt
EKG
Sinusrhythmus
Auskultation Lunge
seitengleiches AG
Arzt-Sichtung/-Anweisung
ROT
Infusion, schneller Transport
RR
107/ 65
SpO₂
97
1.500 ml Infusion
erfüllt >> 5 B
nicht erfüllt >> 5 C
Phase 5 Status B
A - Atmung
beatmet
B - Bewusstsein
tief bewusstlos
C - Puls
99
Haut
kühl, blass
Schmerzen
entfällt
Pupillen
rechts weit
Psyche
entfällt
Hörvermögen
entfällt
EKG
Sinustachykardie
Auskultation Lunge
seitengleiches Atemgeräusch
Arzt-Sichtung/-Anweisung
ROT
schneller Transport
RR
098/ 54
SpO₂
Simulations-Ende
Phase 4 Status C
A - Atmung
beatmet
B - Bewusstsein
tief bewusstlos
C - Puls
145
Haut
grau marmoriert
Schmerzen
entfällt
Pupillen
rechts weit
Psyche
entfällt
Hörvermögen
entfällt
EKG
Sinustachykardie, gel. VES
Auskultation Lunge
seitengleiches AG
Arzt-Sichtung/-Anweisung
ROT
schneller Transport, Volumengabe
RR
067 sys.
SpO₂
n.m.
mind. 1.500 ml Infusion
erfüllt >> 5 B
nicht erfüllt >> 5 C
Phase 5 Status C
A - Atmung
beatmet
B - Bewusstsein
tief bewusstlos
C - Puls
49
Haut
grau marmoriert
Schmerzen
entfällt
Pupillen
rechts weit
Psyche
entfällt
Hörvermögen
entfällt
EKG
Bradykardie, ST-Streckensenkungen über allen Ableitungen
Auskultation Lunge
seitengliches AG
Arzt-Sichtung/-Anweisung
ROT
Druckinfusion, sofortiger Transport
RR
n.m.
SpO₂
n.m.
Simulations-Ende

oder des Katastrophenschutzes durchgeführt werden. Eine Kombination der Bereiche Krankentransport, Notfallrettung, Katastrophenschutz, mit/ohne (Not-)Ärzte und/oder der Einbindung von Führungskräften ist dabei ebenfalls möglich.

Mit diesem System können auch vorhandene oder geplante Einsatzkonzepte und Vorhaltungsstrategien entwickelt, getestet, modifiziert oder angepasst werden. Es bietet sich ebenfalls an, nur Teilbereiche intensiv zu trainieren, wie z.B. die Vorsichtung, die Patientenablage oder gar einen Behandlungsplatz. Eine Vollübung mit Einsatzformationen aus Rettungsdienst und Katastrophenschutz kann mit der dynamischen Patientensimulation auch abgebildet werden.

1.2.2 Dynamische Führungssimulation

Mit dem System der dynamischen Führungssimulation (FüSim) lassen sich alle Führungssysteme im Rettungsdienst, Katastrophenschutz sowie die Abläufe in der Rettungsleitstelle oder der Personenauskunftsstelle trainieren. Anders als bei der dynamischen Patientensimulation besteht hier das Ziel, die unterschiedlichen Führungsfunktionen, die Kommunikation der Einsatzstelle und die Schnittstellen u.a. zur Feuerwehr bei einem MANV zu trainieren. Das System kann mit wenig Aufwand an die jeweiligen örtlichen Gegebenheiten angepasst werden. Dadurch besteht die Möglichkeit, vorhandene Einsatzkonzepte unter simulationsrealistischen Bedingungen zu trainieren oder zu entwickeln. Die Patienten werden wie bei der dynamischen Patientensimulation durch laminierte DIN-A5-Karten (s. Abb. 3) dargestellt. Auf den Karten ist dokumentiert, wie sich der Patientenzustand im Einsatzverlauf ändert. Insgesamt gliedert sich der Zustand des Patienten in 13 unterschiedliche Phasen.

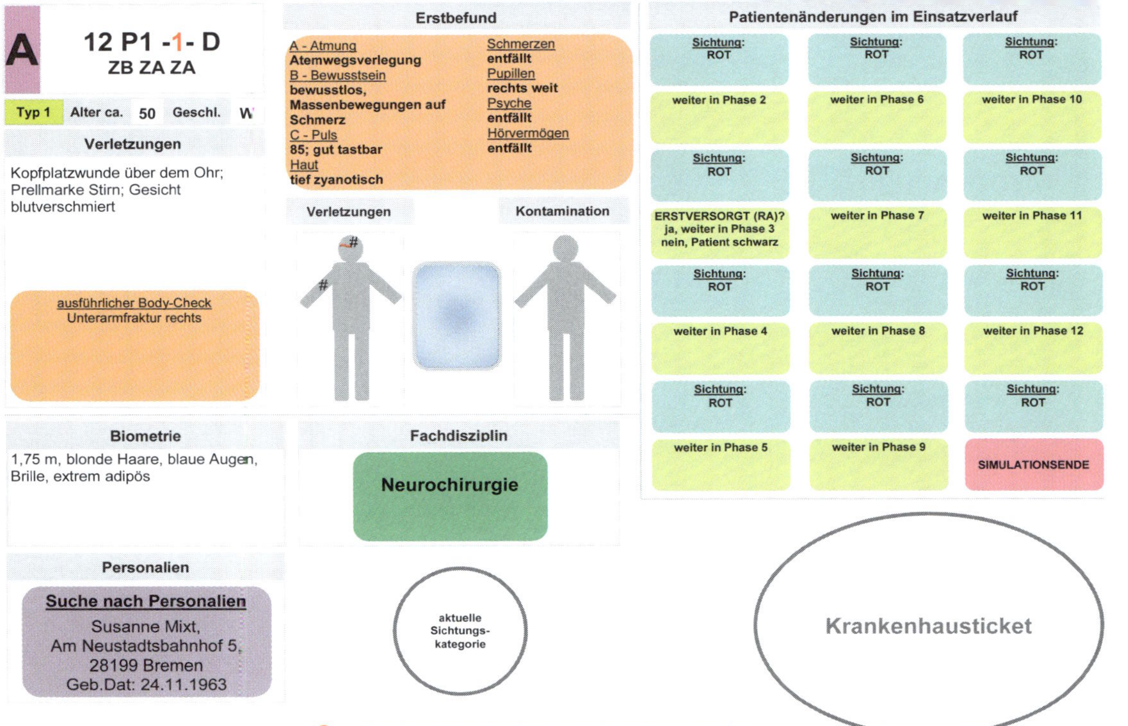
A 12 P1 -1- D
ZB ZA ZA

Typ 1 | Alter ca. 50 | Geschl. W

Verletzungen

Kopfplatzwunde über dem Ohr; Prellmarke Stirn; Gesicht blutverschmiert

ausführlicher Body-Check
Unterarmfraktur rechts

Erstbefund

A - Atmung
Atemwegsverlegung
B - Bewusstsein
bewusstlos, Massenbewegungen auf Schmerz
C - Puls
85; gut tastbar
Haut
tief zyanotisch
Schmerzen
entfällt
Pupillen
rechts weit
Psyche
entfällt
Hörvermögen
entfällt

Verletzungen

Kontamination

Biometrie

1,75 m, blonde Haare, blaue Augen, Brille, extrem adipös

Fachdisziplin

Neurochirurgie

Personalien

Suche nach Personalien
Susanne Mixt,
Am Neustadtsbahnhof 5,
28199 Bremen
Geb.Dat: 24.11.1963

aktuelle Sichtungs-kategorie

Patientenänderungen im Einsatzverlauf

Sichtung: ROT	Sichtung: ROT	Sichtung: ROT
weiter in Phase 2	weiter in Phase 6	weiter in Phase 10
Sichtung: ROT	Sichtung: ROT	Sichtung: ROT
ERSTVERSORGT (RA)? ja, weiter in Phase 3 nein, Patient schwarz	weiter in Phase 7	weiter in Phase 11
Sichtung: ROT	Sichtung: ROT	Sichtung: ROT
weiter in Phase 4	weiter in Phase 8	weiter in Phase 12
Sichtung: ROT	Sichtung: ROT	Sichtung: ROT
weiter in Phase 5	weiter in Phase 9	SIMULATIONSENDE

Krankenhausticket

Bundesamt für Bevölkerungsschutz und Katastrophenhilfe

Abb. 3 ▶ DIN-A5-Patientenkarte

Auch diese Phasen sind zu Beginn der Simulation abgeklebt und werden nach einem Zeichen durch den Ausbilder/Trainer nach 20–30 Minuten geöffnet. Anders als bei der dPS führen die Übungsteilnehmer hier keine medizinischen Maßnahmen durch, sondern beurteilen „nur" die Sichtungskategorie. Der Schwerpunkt dieser Simulation liegt auf der Einsatztaktik, d.h. der Beeinflussung von Patientenströmen und des Einsatzverlaufs durch Führung. Dennoch kann sich auch bei dieser Simulation der Patientenstatus verbessern, gleich bleiben oder auch verschlechtern. Eine Verschlechterung tritt immer dann ein, wenn beispielsweise die Erstversorgung nicht sichergestellt ist oder ein Patient der Sichtungskategorie I (Rot) keine Versorgung durch einen Notfallsanitäter oder Arzt erfährt. Die Patientenzustände sind auf die getroffenen Maßnahmen abgestimmt, sodass der Ausbilder/Trainer nicht eingreifen muss. Hierdurch können die Übungsteilnehmer den Erfolg ihrer Maßnahmen selbst kontrollieren und Schwachstellen werden sofort sichtbar.

Das weitere Material für die Simulation besteht aus Karten für die Abbildung der Einsatzkräfte nach medizinischer Qualifikation (u.a. Rettungssanitäter [RettSan], Notfallsanitäter [NotSan], Notarzt [NA]), der Einsatzmittel (z.B. Rettungswagen [RTW], Gerätewagen Sanität [GW-San], s. Abb. 4) und des Einsatzmaterials.

Durch die Karten können die Einsatzmittelketten und die reale Entfernung zur Einsatzstelle berücksichtigt werden, sodass sich ein Einsatzkonzept eins zu eins in der Übung ablichten lässt. Wegstrecken zu den Krankenhäusern oder aber die Fahrzeit vom Bereitstellungsraum zur Einsatzstelle können ebenfalls realistisch wiedergegeben werden. Der Teilnehmer bekommt dadurch das erste Mal ein Gefühl dafür, wie lange es dauert, bis ein Fahrzeug nach einem Transport wieder einsatzbereit an der Einsatzstelle eintrifft.

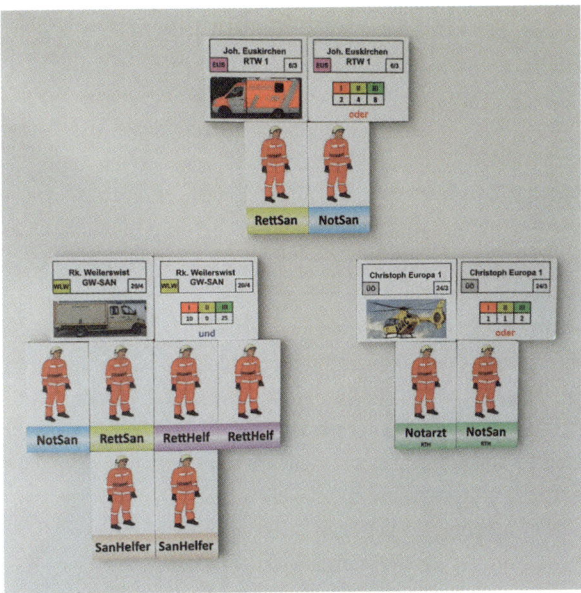

Abb. 4 ▶ Personal- und Fahrzeugkarten

Die Übungsteilnehmer lernen in der dynamischen Führungssimulation, zu Anfang eines Einsatzes mit wenigen verfügbaren Einsatzkräften die richtigen Führungsentscheidungen zu treffen. Im weiteren Verlauf kommen die Raumordnung und das Führen von vielen Einsatzkräften dazu. Es können sowohl verschiedene MANV-Stufen trainiert werden als auch nur bestimmte Teilbereiche, wozu u.a. die Funktion „Leiter Erstversorgung“, die Transportorganisation oder vorhandene Checklisten gehören.

Ein wesentlicher Aspekt ist das Trainieren von Schnittstellen. Im Einsatz kommt es hier oft zu Reibungsverlusten, die mithilfe dieses Systems sehr gut analysiert und für die in der Folge Lösungsstrategien mit den Übungsteilnehmern entwickelt werden können.

1.2.3 Ausbilder-/Trainerschulung

Verschiedene Anbieter führen Ausbilder-/Trainerschulungen für die beiden Simulationssysteme dPS und FüSim durch. Diese Schulungen sollen den angehenden Lehrkräften die Kernpunkte guter Simulationen vermitteln, damit diese Simulationen zielorientiert durchführen können. In den Schulungen erhalten die zukünftigen Ausbilder/Trainer zu Beginn die Möglichkeit, die Rolle des Teilnehmers einzunehmen, um diese Seite kennenzulernen. Dabei erfahren sie auch mehr über die Handhabung der Simulation, über das benötigte Material und lernen vor allem das Handling mit den jeweiligen Patientenkarten kennen. Im Anschluss erfahren die Ausbilder/Trainer, wie sie die Simulationen praxisnah einsetzen können und für welche Bereiche sich die Simulationen anbieten. Sie erstellen in Begleitung erfahrener Multiplikatoren eigene Simulationsübungen, die sie im Anschluss auch praktisch durchführen. Die zukünftigen Ausbilder/Trainer erhalten Feedback zu den eigenen Übungen und ihrer Funktion als Ausbilder/Trainer. Danach wird die Durchführung in der gesamten Gruppe besprochen.

Ziel der Schulung ist nicht die eigentliche Einsatztaktik für den MANV, sondern ausschließlich die Durchführung der beiden Simulationen. Der zukünftige Ausbilder/Trainer sollte daher über eine pädagogische (z.B. Praxisanleiter, Dozent in der Erwachsenenbildung) und über eine führungstechnische Qualifikation (z.B. Zugführer, OrgL RettD, LNA) verfügen. Es empfiehlt sich darüber hinaus, nicht allein, sondern mit anderen zukünftigen Ausbildern/Trainern aus dem eigenen Bereich teilzunehmen, da so mehrere Eindrücke gesammelt und mit nach Hause genommen werden können. Nach der erfolgreichen Schulung erhalten die neuen Ausbilder/Trainer umfassende Unterlagen und Dateien, um eigenständig Übungssysteme und Simulationen erstellen zu können.

2 Aufsplittung eines MANV-Einsatzes in verschiedene Module

Die Bewältigung von Großeinsatzlagen bzw. Katastrophen stellt Feuerwehren, Rettungsdienste und Katastrophenschutzeinheiten immer wieder vor neue und teilweise große Herausforderungen. Bestehende Landeskonzepte zur strukturierten Erfassung und Bewältigung einer jeweiligen Lage geben eine richtungsweisende Orientierung, bedürfen jedoch oft einer Anpassung an lokale und regionale Strukturen.

Wer für die Bewältigung von Großeinsatzlagen bzw. Katastrophen zuständig ist, hängt auch davon ab, ob sich der MANV z.B. auf dem Land oder in der Stadt ereignet hat. Während in den meisten großen Städten Berufsfeuerwehren originär zuständig sind, ist die Zuständigkeit in den Landkreisen differenzierter. Grundsätzlich übernimmt auch in den Landkreisen mit kommunaler Freiwilliger Feuerwehr, also mit ehrenamtlichen Strukturen, diese die Einsatzleitung, es sei denn ein Landkreis übernimmt die Einsatzleitung durch bestellte Einsatzleiter für Großeinsatzlagen bzw. Katastrophen. Die übrigen Akteure generieren sich, je nach Landesgesetzgebung für den Rettungsdienst, entweder nach Submissionsmodell oder Konzessionsmodell, aus den bekannten Hilfsorganisationen oder aus dem Bereich privater Anbieter.

2.1 Patienten oder Betroffene?

Bei Unglücken sind häufig zahlreiche unverletzte Personen vor Ort, die dennoch einer i.d.R. nicht-medizinischen Betreuung bedürfen. Die Sichtungs-Konsensus-Konferenz (SKK) hat den Begriff der „Exponierten Person“ erarbeitet. Hiermit sind die Personen gemeint, auf die direkt

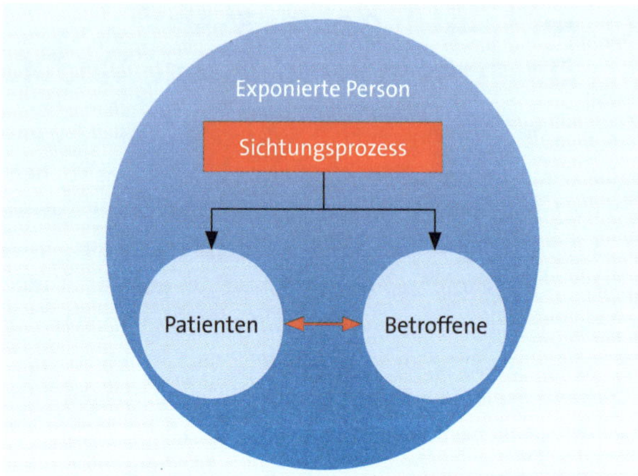

Abb. 5 ▶ Begriffe für eine am Ereignis beteiligte Person

oder indirekt ein Ereignis eingewirkt hat und die hierdurch beeinträchtigt sein können (s. Abb. 5). An dieser Stelle muss differenziert werden, ob es sich um Patienten oder Betroffene handelt. Anhand eines Busunglücks im Mai 2011 im Oberbergischen Kreis soll diese Unterscheidung verdeutlicht werden:

Unfall zwischen Bus und Lkw

In einen Verkehrsunfall zwischen einem Bus und einem Lkw wurden augenscheinlich ca. 70 Personen verwickelt. Die Kinematik lässt den Schluss zu, dass die Businsassen potenziell verletzt sein könnten.

Handelt es sich wirklich um 70 Patienten?

Bei der weiteren Erkundung stellt sich heraus, dass hinter dem verunfallten Bus ein weiterer Bus mit Schulkindern gehalten hat, die Kinder dort ausgestiegen sind und sich mit den Insassen des verunfallten Busses ver-

mischt haben. Der verunfallte Busfahrer meldet, dass er maximal 20 Fahrgäste im Fahrzeug hatte.

Fazit

Für alle anwesenden Personen ein Rettungsmittel anzufordern, wäre hier unverhältnismäßig. Dennoch ist es unter Umständen notwendig, die Augenzeugen zu betreuen, damit sie das Gesehene verarbeiten können.

Dieses Beispiel soll keinesfalls dazu führen, dass Einsätze verharmlost werden und Rückmeldungen zu gering ausfallen. Es soll vielmehr sensibilisieren und dazu beitragen, realistische Aussagen zu treffen. Sollten plausible Gründe vorliegen, die eine hohe Anzahl von Patienten vermuten lassen, muss diese Information selbstverständlich weitergegeben werden. Dabei könnte es sich beispielsweise um vermisste Personen in brennenden/verrauchten Gebäuden handeln.

Exponierte Person

Eine Person, auf die ein Ereignis direkt (unmittelbar) oder indirekt (mittelbar) wirkt und die hierdurch beeinträchtigt sein kann.

Patient

Der Patient ist eine Person, deren Zustand den Einsatz ausreichend geschulten Personals für medizinische Versorgung und/oder einen geeigneten Transport erfordert. (Definition nach DIN 13050)

Betroffener

Ein Betroffener ist eine Person, die durch ein Schadenereignis bedroht wird oder geschädigt wurde, ohne verletzt zu sein. (SKK 2019)

2.2 Vorsichtung durch ersteintreffende Einsatzkräfte

Während der Sichtungs-Konsensus-Konferenz, die im Oktober 2017 in Bad Neuenahr-Ahrweiler stattfand, wurde der Sichtungsprozess in einer medizinischen Großeinsatzlage neu beschrieben (Rebuck 2017).

Eine der wichtigsten Informationen in der Initialphase eines MANV-Einsatzes ist die Anzahl der Betroffenen bzw. Verletzten. Hier geht es nicht um die absolute Zahl. Vielmehr soll während der Ersteinschätzung festgestellt werden, ob es sich beispielsweise um 10 oder 80 Betroffene/Verletzte handelt.

Für die praktische Durchführung gilt:

Das erste an der Einsatzstelle eingetroffene Rettungsteam beginnt unverzüglich mit dem „groben" Zählen der Betroffenen/Verletzten. Sobald die Ersteinschätzung abgeschlos-

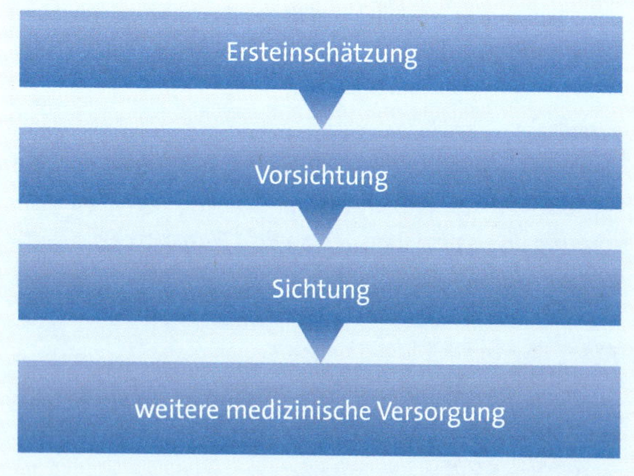

Abb. 6 ▶ Die einzelnen Punkte des Sichtungsprozesses

sen ist, beginnt das Team mit der Vorsichtung. Während der Vorsichtung sollen lebensrettende Sofortmaßnahmen (s. u.) durchgeführt und der Patient als „vorgesichtet" gekennzeichnet werden. In Nordrhein-Westfalen (NRW) erfolgt dies mit der „Patientenanhängetasche NRW".

2.2.1 Patientenablage

Um in einer Ad-hoc-Lage den Überblick nicht zu verlieren, ist es unabdingbar, dass Patientenablagen gebildet werden.

Patientenablage

Eine Patientenablage ist eine Stelle an der Grenze des Gefahrenbereiches, an der Verletzte oder Erkrankte gesammelt und, soweit möglich, erstversorgt werden und an der sie zum Transport an einen Behandlungsplatz oder weiterführende medizinische Versorgungseinrichtungen übergeben werden. (Definition nach DIN 13050)

2.2.2 Lebensrettende Sofortmaßnahmen

Lange hatte die Aussage Gültigkeit, dass ersteintreffende Einsatzkräfte keine Patienten behandeln dürfen. Richtig ist, dass die ersteintreffenden Einsatzkräfte keine Individualmedizin betreiben dürfen, damit sie in der Lage sind, die wichtigsten einsatztaktischen Maßnahmen zu treffen. Darunter fällt unter anderem die Sichtung bzw. Vorsichtung durch das nicht-ärztliche Rettungsdienstpersonal. Der Begriff „Vorsichtung" bezeichnet eine vorläufige Beurteilung des Patienten und die Einordnung in eine Sichtungskategorie (SK) bis zur Sichtung durch einen Arzt.

Die Vorsichtung wird von dem geschulten nicht-ärztlichen Rettungsdienstpersonal durchgeführt. Um Patientenleben zu retten, sind während der Vorsichtung folgende Handgriffe bei entsprechender Indikation verpflichtend:

1. Stillen lebensbedrohlicher Blutungen (z.B. mit Tourniquet)
2. Lagerung bei Bewusstlosigkeit mit normaler Atmung (Seitenlagerung)
3. Freimachen/Freihalten der Atemwege bei Bewusstlosigkeit (Guedel-Tubus/Wendl-Tubus)

Es kann immer dazu kommen, dass Patienten kein Bewusstsein und keine Atmung aufweisen. Die lebensrettenden Sofortmaßnahmen in der Breitenausbildung umfassen hier dann die Reanimationsmaßnahmen. Bei einem MANV und der effektiven Verteilung der Ressourcen auf die Verletzten kann es erforderlich sein, dass die Reanimation durch das ersteintreffende Rettungsteam unterlassen wird. Es sei denn, der Patient, der reanimationspflichtig ist, ist der einzig kritische Patient an der Einsatzstelle und es wird kein anderer Patient gefährdet, wenn sich das Team um die Reanimation kümmert (Einsatzstelle ist schnell überschaubar). Ein Einleiten der Reanimation durch Laienhelfer ist immer möglich, ebenso das Stoppen der Reanimationsmaßnahmen. Ein späterer Beginn der Reanimation hingegen nicht.

Um zu bewerten, ob eine Reanimation beim MANV sinnvoll ist, muss man sich auch das Verletzungsmuster anschauen. Nach einem Überrolltrauma durch einen Lkw wird eine Reanimation höchst wahrscheinlich erfolglos sein. Bei einem Stromunfall kann eine höhere Erfolgsquote vorliegen.

Die medizinischen Maßnahmen der Vorsichtung sind effektiv, schnell und können nach einer kurzen Schulung sicher angewendet werden. Somit müssen diese Maßnahmen während der (Vor-)Sichtung in jedem Fall bei entsprechender Indikation durchgeführt werden.

TAB. 2 ▶ Sichtungskategorien und Kennzeichnung von Patienten (nach Dietl, Dinkelbach, Schüller 2015)

Kategorie		Beschreibung	Beschreibung
SK I (Rot)	(Rot)	vital bedroht	Sofortbehandlung
SK II (Gelb)	(Gelb)	schwerverletzt/ erkrankt	dringliche Behandlung
SK III (Grün)	(Grün)	leichtverletzt/ erkrankt	nicht-dringliche Behandlung
SK IV (Blau)	(Blau)	ohne Überlebens-chance	palliative Versorgung
Kennzeichnung			
EX (Schwarz)	(Schwarz)	verstorben	Totenablage
schwarzes B auf der Rückseite der weißen Karte	B	unverletzt Betroffener	
schwarzes TP auf der Rückseite der roten Karte	TP	Transportpriorität	
schwarzes K auf beliebiger Karte	K	Patient kontaminiert	

2.3 Erstversorgung

Nachdem die Ersteinschätzung abgeschlossen ist und jeder Patient vorgesichtet wurde, ist das nächste strategische Ziel die Sicherstellung der Erstversorgung.

Für jeden Patienten der Sichtungskategorie I (Rot) werden 0,5 Notarzt und 1 Notfallsanitäter/Rettungsassistent benötigt. (Brüne et al. 2014)

Mit diesem Versorgungsansatz soll die nötige Erstversorgung für alle vital bedrohten Patienten gesichert werden, bevor weitere Ressourcen für den Abtransport genutzt werden. Selbstverständlich benötigen Patienten der anderen Sichtungskategorien ebenfalls medizinisches Personal. Hierfür wurde aber kein Schlüssel definiert, da das primäre Ziel beim MANV im Abtransport der vital bedrohten Patienten liegt.

Leiter Erstversorgung

Der Leiter Erstversorgung ist bis zur Übernahme durch den Leitenden Notarzt (oder den OrgL RettD) der Leiter des Abschnittes Medizinische Rettung. Er muss die Kommunikation sicherstellen bzw. aufnehmen und ist der rettungsdienstliche Ansprechpartner. Dem Leiter Erstversorgung obliegen Aufgaben mit hoher Verantwortung, die für die erfolgreiche Einsatzabwicklung essenziell sind. Darunter fallen aus rettungsdienstlicher Sicht die Ordnung des Raumes (u.a. Patientenablagen, Ladezone), die Ordnung der Einsatzkräfte (u.a. Kräftemanagement vom Bereitstellungsraum in die Patientenablagen) und die Ordnung der Zeit (u.a. frühzeitiges Nachfordern von weiteren Einsatzkräften).

2.4 Abtransport von Patienten

Elementarer Bestandteil des Einsatzkonzeptes ist die Transportorganisation. Eine Vielzahl von Maßnahmen ist notwendig, um einen geordneten Abtransport der Patienten zu gewährleisten. Darunter fallen u.a. folgende Aufgaben:

- Einrichtung einer Ladezone mit der entsprechenden Logistik (Ausleuchtung, Einweisung usw.)
- Sicherstellung der Kommunikation und Dokumentation
- prioritätenorientierte Zuweisung der freien Behandlungskapazitäten.

Hintergrund ist eine möglichst schnelle und effektive Vergabe von Behandlungskapazitäten unter enormem Zeitdruck. Grundlage hierfür ist ein sogenanntes Krankenhauskataster, in dem die Behandlungskapazitäten gemäß den Sichtungskategorien angegeben werden. Die Transportorganisation erhält die Kompetenz, Rettungsmittel aus dem (medizinischen) Bereitstellungsraum (BR) direkt in die Einsatzstelle zu beordern, um Transporte durchzuführen. Dem Leiter Erstversorgung wird ab diesem Zeitpunkt der Zugriff auf den medizinischen BR entzogen. Über notwendige Nachforderungen entscheidet nun die Abschnittsleitung. Sie ist auch für die Zuführung der Rettungsmittel zuständig.

2.5 Unterschiedliche Simulationen zum Erreichen verschiedener Übungsziele

Wie bereits dargestellt, teilt sich der Einsatz im Rahmen eines MANV in verschiedene zeitliche Abschnitte auf. Um diese Abschnitte gezielt zu trainieren, ist die klassische jährliche große MANV-Übung ungeeignet. Diese sollte am

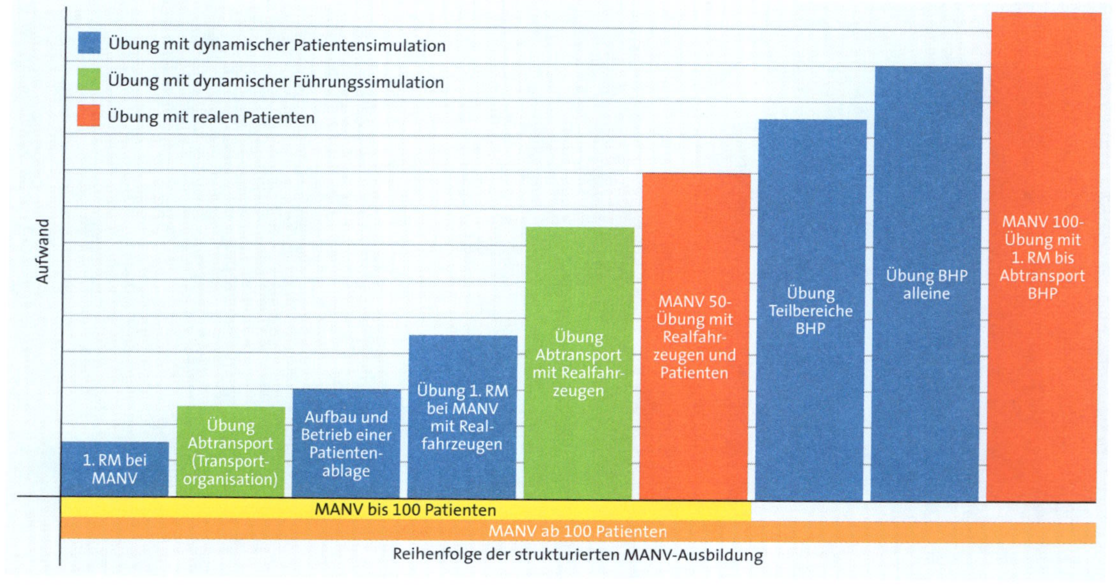

Abb. 7 ▶ Stufenkonzept

Ende eines Prozesses stehen, in dessen Verlauf die einzelnen Bereiche herausgearbeitet, konzeptionell strukturiert und trainiert wurden. Wenn dann alle Aspekte trainiert worden sind, werden sie in einer Großübung zu einem Ganzen verschmolzen. Doch bis dahin ist es ein langer Weg (s. Abb. 7).

Ein MANV-Einsatz besteht aus verschiedenen „Meilensteinen“, wie z.B. Ersteinschätzung, Vorsichtung, Sichtung und Herstellung der Erstversorgung. All dies gilt es, vorab im Einzelnen zu schulen und zu üben. Wenn dann die einzelnen Meilensteine belastbar sind, können sie zu einer Großübung zusammengesetzt werden.

Am Beginn des Prozesses muss ein belastbares MANV-Konzept stehen, das geschult werden soll. Frustration entsteht häufig dann, wenn auf dringende Fragen keine zufriedenstellenden Antworten gegeben werden können. Hierüber hinaus muss auch differenziert werden, welches Personal was trainieren soll. So sollten die Besatzungen des Regelrettungsdienstes intensiv auf die Situation als ersteintreffendes Rettungsmittel geschult werden. Hierzu zählen bei RTW-Besatzungen das Führen einer Patientenablage oder ggf. eines Bereitstellungsraumes. Bei der NEF-Besatzung wäre die Funktion Leiter Erstversorgung wichtig. Verstärkungskräfte sollten dann intensiv das Unterstützen einer Patientenablage und den Umgang mit verschiedenen Einsatzmitteln trainieren. Wenn dies dann erst einmal in einfachster Umgebung erfolgt ist, gilt es, immer „realer“ zu üben, d.h. erst mit den regulären eigenen Fahrzeugen und Patientenkarten bzw. am Ende mit den Fahrzeugen und realen Notfalldarstellern.

Für die besondere Situation des Abtransportes sollte zunächst ein Konzept entwickelt und dies dann separat trainiert werden. Erst danach sollte der Abtransport mit anderen Prozessen kombiniert werden. So können die einzelnen Schritte ohne großen Aufwand auch unabhängig voneinander geübt werden.

2.5.1 Dynamische Patientensimulation für ersteintreffendes Rettungsmittel und lebensrettende Sofortmaßnahmen

Fester Bestandteil der Rettungsdienstqualifikation und der jährlichen Fortbildung muss das Thema „Ersteintreffendes Rettungsmittel beim MANV“ sein – unabhängig davon, ob es sich um ein KTW, RTW oder NEF handelt. Alle Besatzungsmitglieder können in die Situation kommen, als erste Helfer Maßnahmen durchführen zu müssen. Die Ausbildung muss deshalb praxisorientiert sein. Eine rein theoretische Ausbildung verfehlt den Zweck.

Aus diesem Grund empfiehlt sich ein kurzer theoretischer Input zum Thema MANV, der entweder das eigene vorliegende Konzept thematisiert oder bei Ermangelung einer konzeptionellen Antwort auf die allgemeinen MANV-Regeln Bezug nimmt, wie sie auch in der Fachliteratur niedergeschrieben sind.

Abb. 8 ▶ Bei dieser Übung wurden die Patienten durch Schutzanzüge dargestellt.

1. Sofortige Schilderung des Ersteindrucks an die Leitstelle
2. Überblick verschaffen/Lageerkundung
3. Noch nicht behandeln!
4. Konkrete Rückmeldung!
5. Führung übernehmen
6. Spontanabtransporte verhindern
7. Versorgung nach Prioritäten
8. Nachrückende Einsatzkräfte einweisen
9. Übergabe OrgL RettD/LNA
10. Transport planen

Auch die aktuelle Entwicklung im Rahmen der Sichtungs-Konsensus-Konferenz sollte Bestandteil sein.

Nach dem Theorieteil empfiehlt sich der Einsatz der dynamischen Patientensimulation im Lehrraum. Hier können folgende Themen trainiert werden:

- Übersicht verschaffen (Ersteinschätzung)
- Vorsichtung
- Kennzeichnung der Betroffenen (Patientenanhängetasche, Armband usw.)
- Rückmeldungen
- Einteilung von nachrückenden Rettungskräften
- Übergabe der Einsatzstelle an übernehmende Führungskräfte
- Sicherstellung der Erstversorgung.

Im weiteren Verlauf ist eine Steigerung möglich. Wenn im Lehrraum die Strukturen klar sind, kann die Trainingseinheit ins Außengelände verlagert werden, um dort den Einsatzraum komplexer zu gestalten. Im nächsten Schritt kann mit realen Rettungsmitteln gearbeitet werden, um die komplexe Aufgabe der Raumordnung einzubeziehen und z.B. Patienten tatsächlich mit Fahrtragen aus dem Einsatzraum zu holen.

ABB. 9 ▶ Praktische Übung der dynamischen Patientensimulation mit Holzbrettern

Die Patienten können mithilfe unterschiedlicher Mittel dargestellt werden. Werden die Patienten zuerst nur durch DIN-A3-Karten (s. ABB. 2), die auf dem Fußboden liegen, symbolisiert, können diese in einem zweiten Schritt z.B. mithilfe von Schutzanzügen oder ausgefrästen Holzbrettern anschaulicher dargestellt werden (s. ABB. 8 UND 9).

2.5.2 Dynamische Patientensimulation für die Patientenablage

Während der Regelrettungsdienst im oben beschriebenen Abschnitt seine Aufgaben trainiert, kann losgelöst davon durch die Verstärkungskräfte die Patientenablage trainiert werden. In der Literatur werden hier die spontane, die strukturierte und die vorgeplante Patientenablage beschrieben (Brüne et al. 2014). Ein einfaches Aufbauen der Patientenablage aus einem Gerätewagen Rettungsdienst oder Sanität schult sicherlich im Umgang mit dem Material, das wirkliche

Arbeiten darin wird jedoch so nicht geübt. Jedoch kann mithilfe der dynamischen Patientensimulation der Betrieb einer Patientenablage trainiert werden. Im Mittelpunkt stehen:

- Raumordnung
- Dokumentation
- Erstversorgung
- Kräftemanagement.

2.5.3 Dynamische Patientensimulation für den Behandlungsplatz

Viele Jahre wurde der Behandlungsplatz als Allheilmittel beim MANV gesehen. Heute allerdings gehen die Konzepte immer weiter davon weg. Abhängig von den lokalen Strukturen etablieren sich eher Maßnahmen zur Sicherstellung der Erstversorgung und zum raschen Abtransport. Allerdings zeigen die aktuellen Ereignisse (u.a. Deutscher Evangelischer Kirchentag 2019, Kundgebungen zum Kohleausstieg 2019), dass der Behandlungsplatz immer noch gebraucht wird und vorgeplant aufzubauen ist, um u.a. Großveranstaltungen abzusichern. Auch der Einsatz zur Verstärkung von Krankenhäusern wird immer intensiver überlegt. Um aber hierfür trainiert zu sein, müssen die lokalen Aufgabenträger zunächst ein entsprechendes Konzept vorsehen. Nachdem dann geklärt ist, welche Teileinheiten sich um welchen Aufgabenbereich zu kümmern haben, können diese Einheiten auch separat voneinander trainieren.

Der Aufbau der Materialien ist das eine, die Versorgung der Patienten in den einzelnen Bereichen hingegen ist eine ganz andere Aufgabe. Hier kann auch die dynamische Patientensimulation helfen. Wird der Einsatz in einem Behandlungsplatz geübt, kommen die Patienten, die durch die Patientenkarten symbolisiert werden, vorversorgt in die Behandlungsbereiche. Hier verändert sich der Zustand des Patienten nochmals, sodass eine adäquate Weiterversorgung stattfinden muss. Vorgeschaltete Patientenablagen entfallen, sodass tatsächlich Einzelbereiche trainiert werden können.

2.5.4 Dynamische Patientensimulation für die Transportplanung

Als „Flaschenhals“ und damit immer schwieriger Moment im Versorgungsablauf hat sich der Abtransport der Patienten erwiesen. Auf der einen Seite stehen viele Patienten und auf der anderen Seite, je nach Region, viele Rettungsmittel. Allerdings zwingt uns der Einsatzraum dazu, einen gestaffelten Abtransport zu planen. Hier gilt es, Abläufe wie Bereitstellungsraum, Rettungsmittelhalteplatz oder Pufferzone und Ladezone zu trainieren. Parallel muss die Transportorganisation geübt werden. Was ist das geeignete Krankenhaus für einen Patienten und welches Rettungsmittel ist für ihn geeignet? Die Stadt Leverkusen (Mai 2018) und der Kreis

Abb. 10 ▶ Anfahrt von Rettungsmitteln für den Abtransport

Heinsberg (Mai 2019) haben eine Übung mit realen Fahrzeugen und einer realen Transportorganisation durchgeführt. Insgesamt galt es, 200 Patienten in Krankenhäuser zu transportieren (s. ABB. 10). Die Patienten, dargestellt durch die FüSim, erhielten in der jeweiligen Patientenablage ein Ticket mit dem Zielkrankenhaus. Durch die Besatzungen der Rettungsmittel wurden die Patienten dann zu einem Fixpunkt im Übungsgelände verbracht und an die dortige Übungsleitung übergeben (symbolische Übergabe ins Krankenhaus). Die Übungsleitung übertrug von jedem einzelnen Patienten die Daten (u.a. Patientenablage, Übernahme, Sichtungskategorie, Rettungsmittel) in eine vorgefertigte Tabelle, mit der dann alle weiteren Zeiten (u.a. Übergabe im Zielkrankenhaus) errechnet wurden. Zweck der Übung:

- Bereitstellung von Rettungsmitteln
- Anfordern durch die Transportorganisationen
- Einrichten von Ladezonen
- Zuteilung von Behandlungskapazitäten
- Durchführung des Abtransportes (Bewegen vieler Rettungsmittel auf engem Raum).

2.5.5 Dynamische Patientensimulation für die Ausbildung von Führungskräften

Kommt es in der Primärphase eines MANV noch darauf an, neben der Strukturgestaltung noch wichtige medizinische Entscheidungen zu treffen, ist dies in den nachfolgenden Phasen der Führung nicht mehr so wichtig.

Führungskräfte agieren mit folgenden Parametern:

- Anzahl an Patienten/Betroffenen
- Anzahl an Rettungsmitteln
- besondere Herausforderung der Patienten an die Rettungsmittel (u.a. intubiert/beatmet)

- Raumordnung
- Dokumentation und Meldewesen.

Damit die Führungskräfte, z. B. OrgL RettD, LNA, Gruppenführer Rettungsdienst, Leiter Erstversorgung usw., effektiv trainieren können, vor allem auch mit einer größeren Anzahl an Patienten, gibt es die dynamische Führungssimulation (s. Kap. 1.2.2). Es können ein gesamter MANV oder nur spezielle Bereiche aus einem Einsatzablauf trainiert werden, wie z. B. der Abtransport. In der Simulation kann von kleineren MANV-Lagen (MANV 10) bis hin zu größeren Lagen (MANV 200) mit mehreren Einsatzleitwagen 2 eskaliert werden.

2.5.6 Dynamische Patientensimulation für die Vollübung

Sind alle Teilbereiche ausreichend geübt worden und die Abläufe gefestigt, besteht nun die Möglichkeit, alles in einer Vollübung zu kombinieren. Häufig ist die Notfalldarstellung die größte Herausforderung. Um hier noch eine Stufe davor üben zu können, kann wieder die dynamische Patientensimulation eingesetzt werden, die mit einem Notfalldarsteller kombiniert wird. Entweder wird im Verlauf der Übung nur die Karte „behandelt“ und der Mensch fungiert lediglich als „Platzhalter“ mit Realmaßen und Realgewichten, oder die Maßnahmen, die aus der Karte hervorgehen, werden direkt am Patienten durchgeführt bzw. angedeutet.

Das Üben am Patienten ist wichtig, denn 20 Patienten, die durch einlaminierte Karten dargestellt sind, können schnell in die Seitenlage gedreht werden. Aber 20 reale Menschen in die Seitenlage zu drehen, dürfte eine andere Herausforderung und Erfahrung darstellen. Aus diesem Grund sollte dies dann auch praktisch trainiert werden.

3 Gesamtplanung für Simulations- und Vollübungen Schritt für Schritt

Wenn es an das Planen von Übungen in der dynamischen Patientensimulation oder dynamischen Führungssimulation geht, gilt es, sich im Vorfeld über folgende Punkte Klarheit zu verschaffen:

- Wer sind meine Teilnehmer?
- Welche Qualifikation weisen sie auf?
- Was ist mein Übungsziel?
- Wie ist der Kräfteansatz?
- Wie hoch ist meine Patientenanzahl? Welche Kategorien sollen die Patienten haben?
- Was sind die Aufgaben der Übungsleitung?

3.1 Betrachtung der Teilnehmer

Vom Ersthelfer bis hin zum LNA können mit Simulationen alle Einsatzkräfte trainieren. Wichtig ist nur, dass die Übenden nicht überfordert werden und es nicht dazu kommt, dass sie die Aufgabe nicht eigenständig lösen können. Denn dann werden mit der Simulation negative Erfahrungen gesammelt. Die Lernziele und Patienten sollten deshalb an die Fähigkeiten der Übenden angepasst werden.

3.2 Betrachtung der Übungsziele

Eine MANV-Übung durchzuführen, ohne vorher die Übungsziele festgelegt zu haben, kann zu einem negativen Ergebnis führen. Darum muss mit Blick auf die Teilnehmer das

Gesamtziel im Vorfeld definiert werden. Mögliche Übungsziele könnten wie folgt lauten: Die Teilnehmer ...

- ... trainieren die Maßnahmen als ersteintreffendes Rettungsmittel bei einem MANV.
- ... übernehmen die Funktion Leiter Erstversorgung bei einem MANV und leiten die entsprechenden Maßnahmen ein.
- ... lernen die Transportorganisation bei einem MANV kennen.
- ... erfahren den Ablauf in einer Sanitätsstelle.
- ... lernen den Aufbau und Betrieb einer Patientenablage bzw. eines Behandlungsplatzes kennen.
- ... trainieren die Vorsichtung/Sichtung und führen lebensrettende Sofortmaßnahmen durch.

3.3 Betrachtung des Kräfteansatzes

Es ergibt keinen Sinn, einen MANV mit nur zwei, drei Teilnehmern zu üben. Um überhaupt in Ansätzen eine sinnige MANV-Übung durchführen zu können, werden für die dynamische Patientensimulation mindestens acht bis zehn Teilnehmer benötigt. Denn die Simulationen können keine Einsatzkräfte bzw. Führungskräfte ersetzen. Diese werden aber zwingend gebraucht, um zielorientiert üben zu können.

> ***Bei zu wenigen Teilnehmern sollte eine Übung besser abgesagt werden.***

3.4 Betrachtung der Patientenanzahl

Die Patienten müssen passend zu der Teilnehmergruppe, dem Übungsziel und der Anzahl der Übenden ausgewählt werden. Patienten der Sichtungskategorie I (Rot) sind z.B. bei einer Übung für Sanitätshelfer nicht angebracht. Sie würden die Lage aufgrund ihrer Ausbildung und Qualifikation niemals bewältigen können. Bei zehn Rettungsdienstkräften ist z.B. folgende Aufteilung sinnvoll:

- 8 Patienten der Sichtungskategorie I (Rot), wovon 2 Patienten der Sichtungskategorie IV (Blau) entsprechen, die an der Einsatzstelle versterben, wenn sie nicht frühzeitig in ein Krankenhaus transportiert werden.
- 5 Patienten der Sichtungskategorie II (Gelb)
- 8 Patienten der Sichtungskategorie III (Grün)
- 1 schwarz gekennzeichneter Patient.

So ist die Sicherstellung der Erstversorgung bedingt möglich und es könnte der frühe Abtransport vertretbar begonnen werden.

Aufgrund der Darstellung von Einsatzkräften mithilfe von Magnettafeln können bei der dynamischen Führungssimulation ohne großen Aufwand mehr Patienten eingesetzt werden als bei Voll-/Realübungen wie oben aufgeführt. Wird die Lehrmeinung verfolgt, dass eine Patientenablage die Zahl 10–15 nicht übersteigen darf, dann sollte dies in der Übung auch so gehandhabt werden. In Ausnahmefällen kann von der Zahl auch abgewichen werden: Sind z.B. mehr „rote" Patienten vorhanden, sollte die Zahl nach unten korrigiert werden, handelt es sich vorwiegend um „grüne" Patienten, können auch mehr als 10–15 Patienten eingeplant werden. Nicht immer bedarf es vieler Patienten, um das jeweilige Lernziel zu erreichen. Um einen häufigen Durchlauf zu ermöglichen, reicht es auch, mit wenigen Patienten zu üben bzw. nach Erreichen des Übungsziels die Übung zu beenden. Sprich, legt die Übungsleitung Wert auf eine gute Ersteinschätzung mit einer entsprechend qualifizierten Rückmeldung, so ist die Anzahl der Patienten nicht entscheidend. Ist allerdings das Übungsziel, verschiedene Patientenablagen einzurichten und zu führen, werden so viele Patienten benötigt, dass auch viele Patientenablagen gebildet werden müssen.

3.5 Betrachtung der Aufgaben der Übungsleitung

Für unerfahrene Übungsleiter bzw. für eine optimale Auswertung empfiehlt es sich, mit mindestens vier Ausbildern/Trainern in der Übungsleitung aktiv zu sein. Die Aufgaben teilen sich wie folgt auf:

- Übungsleiter (ist für den gesamten Ablauf verantwortlich)
- Leitstelle (eröffnet den Einsatz, nimmt Rückmeldungen auf, dokumentiert den Einsatz bzw. die Übung zeitlich für die Nachbesprechung)
- Wache (bringt die Fahrzeuge in den Einsatz, die nicht mit Teilnehmern besetzt werden und füllt damit die Einsatzstelle bzw. den Bereitstellungsraum auf)
- Einsatzleiter (ist für die Übenden der Ansprechpartner für alle Belange an der Einsatzstelle [Lageeinweisung und Rücksprachen usw.]).

Alle sind aufgefordert, die Übung zu beobachten und im Nachgang ihre Erkenntnisse zusammenzutragen. Wenn dann alle Punkte geklärt sind, gilt es, diese in einer Übungsanlage zu dokumentieren. Die Übungsanlage sollte Folgendes beinhalten:

- Einsatzmeldung der Leitstelle (reale Einsatzstichwörter)
- Einsatzmittelkette nach Einsatzstichwort
- Eintreffzeiten der Rettungsmittel
- Aufbau des Szenarios
- Verteilung der Patienten nach Teilnehmerzahl
- Welche Fahrzeuge werden besetzt?
- Einweisungshinweise
- Phasendauer
- Behandlungskapazitäten (wünschenswert wären Realzahlen).

3.6 Planung einer Vollübung

Bei der Planung einer Vollübung müssen selbstverständlich ebenfalls die Punkte beachtet werden, die auch für eine Simulationsübung relevant sind (z.B. Teilnehmergruppe, Lernziel). Jedoch fordert der Rahmen einer Realübung einiges mehr als oben beschrieben. Glücklicherweise kann man hier auf ähnliche Stichpunkte zurückgreifen wie bei der Einsatzplanung nach Feuerwehr-Dienstvorschrift 100.

3.6.1 Was soll wo geübt werden?

Für die Übung wird nach Möglichkeit eine von der Öffentlichkeit abgelegene Örtlichkeit benötigt, um niemanden zu stören bzw. die Infrastruktur nicht zu beeinflussen. Sollten Örtlichkeiten gewählt werden, die einen Eingriff in die Infrastruktur zur Folge haben (u.a. Tunnelübungen), dann muss dies zu einer Uhrzeit vorgenommen werden, zu der die Auswirkungen so gering wie möglich sind. Sicherlich empfiehlt es sich, auch in besonderen Objekten zu üben, wie z. B. Fußballstadien, Bahnhöfen oder Krankenhäusern. Allerdings muss genau dies dann auch das Übungsziel sein. Geht es lediglich um das Üben eines MANV, reicht für den Anfang eine einfache Wiese aus. Gegebenenfalls sind Genehmigungen einzuholen, Sperrungen durchzuführen und Anwohner zu informieren. Außerdem sollten alle Leitstellen (Polizei, Rettungsdienst und Feuerwehr) informiert sein.

3.6.2 Wann soll geübt werden?

Auch hier ist wieder das Übungsziel entscheidend. Sollen die Abläufe im Regelrettungsdienst geübt werden, ist der Zeitpunkt egal. Wichtig ist, dass der Regelrettungsdienst dann kompensiert wird, um den Grundschutz zu gewährleisten. Soll mit erweiterten ehrenamtlichen Einheiten geübt werden, sind abendliche Übungen oder Termine am Wochenende geeigneter.

Es ist weiter ein Zeitplan zu erstellen, was zu welchem Zeitpunkt geschehen soll. Dieser ist nur bis zu einem gewissen Grad beeinflussbar. Während der Übung muss Freiraum für die Übungsentwicklung gelassen werden. Außerdem muss im Vorfeld geklärt werden, bei welchem Wetter geübt werden soll bzw. welches Wetter für die Einsatzkräfte noch zumutbar wäre und wann die Übung abgebrochen bzw. abgesagt wird.

3.6.3 Wie sieht das Szenario aus?

Die Übenden benötigen ein Szenario, das gut dargestellt ist, damit sie sich auch wirklich in die Situation hineinversetzen können. Allerdings sollten keine Situationen geschaffen werden, die von den Übenden nicht allein bewältigt werden können. Eine Polizeilage sollte also niemals ohne Polizei bzw. eine Brandlage niemals ohne Feuerwehrkräfte geübt werden. Die Teilnehmer zu bitten, sich die Einsatzkräfte einfach vorzustellen, ist in der Realübung nicht zielführend.

Die Patienten sollten außerdem von Schauspielern dargestellt werden. Ob diese mit Patientenkarten der Simulationen kombiniert oder geschminkt werden, ist frei wählbar. Allerdings sollten die Notfalldarsteller ihre Situation realistisch spielen. Das übertriebene Festklammern an Einsatzkräften oder kindliches Verhalten sollte unterbleiben. Aufnahmen von realen Einsätzen zeigen, dass an vielen Einsatzstellen solch ein Verhalten nicht aufgetreten ist.

Mit dem Übungsmaterial sollte so umgegangen werden, wie es im Realeinsatz auch der Fall wäre. Wenn Einsatzkräfte im Szenario sind, kann es z.B. passieren, dass Materialien kaputtgehen oder es zu einem Schaden an Sachgegenständen kommt. Diese Möglichkeit muss beim Erstellen der Übung einberechnet werden.

3.6.4 Eigene Lage

Die eingesetzten Kräfte sollten je nach Übungsziel im Vorfeld gesammelt und gebrieft werden. Allerdings kann es auch sinnvoll sein, Übungen unangekündigt durchzuführen. Es ist jedoch wichtig, rechtzeitig die Schärfe herauszunehmen, um Gefährdungen (u.a. bei der Anfahrt mit Sonder- und Wegerechten) zu reduzieren. Außerdem ist die Anfahrt der Einsatzkräfte zu definieren. Denn wenn alle Einsatzkräfte z.B. von ein und demselben Sammelraum kommen, wäre das unrealistisch, da bei einem Einsatz eben nicht alle aus der gleichen Richtung kommen.

Wie im richtigen Leben müssen Funkgeräte und Funkgruppen bereitstehen. Bestenfalls wird mit den originären Gruppen und Geräten geübt, um für reale Lagen gerüstet zu sein. Parallel sollte eine Fernmeldeorganisation für die Übungsleitung bestehen. Wohin sollen die Patienten transportiert werden? Oder werden sie aus der Übung herausgenommen, sobald sie im RTW sind? Dies muss ebenso definiert sein, wie das Verhalten der Rettungsmittel nach dem Transport. Werden medizinische Maßnahmen durchgeführt oder nur angedeutet? Was ist vorstellbar, was soll getan werden? Auch hier ist das Übungsziel entscheidend. Und was passiert, wenn sich während der Übung ein tatsächlicher Einsatz ereignet? Sollen die Einsatzkräfte dann abgerufen werden? Für diese Situationen sind Vorkehrungen zu treffen, wie z.B. das Festlegen eines Code-Wortes, um die Übung zu unterbrechen oder ggf. auch abzubrechen.

Analog zu einem Einsatzplan ist ein Übungsplan zu erstellen. Dieser sollte Folgendes enthalten:

- Übungsgrund
- Szenario
- Übungsziele
- Übungsobjekte
- Zeitplan
- Übungsablauf
- Regeln
- Funk- und Kommunikationsplan
- Verpflegung
- Umgang mit Reallagen während der Übung oder im Einzugsgebiet (verletzter Übungsteilnehmer, Realeinsatz im Nahbereich der Übung)
- Beobachtungs- und Auswertungsbögen
- Kostenregelung.

3.7 Beobachtung und Nachbereitung einer Simulationsübung

Nicht nur die Übung an sich muss im Mittelpunkt stehen, sondern auch die Nachbesprechung ist von äußerster Wichtigkeit. Man kann sogar die Formel aufstellen, dass die Nachbesprechung fast genauso lange dauern sollte wie die Übung an sich. Denn sowohl die Erfahrung der Übung als auch die Nachbesprechung sorgen erst dafür, dass die Teilnehmer überhaupt das Lernziel erreichen. Natürlich kann man auf Nachbesprechungen verzichten. Nur dann werden die Teilnehmer nicht auf eventuelle Fehler hingewiesen und Falsches festigt sich. Dies darf definitiv nicht das Ergebnis einer Übung sein.

Um eine wertvolle Nachbesprechung durchführen zu können, bedarf es aber auch einer intensiven Übungsbeobachtung. Die Auswahl der Übungsbeobachter richtet sich nach der Teilnehmergruppe und dem Lernziel. Alle Beobachtungen sollten dokumentiert werden, damit im Nachgang keiner sagen kann: „Das war nur eine Übungskünstlichkeit". Hierfür bieten sich vorgefertigte Bögen an, mit denen z.B. die Patienten nach Sichtungskategorie und die Anzahl der Rettungsmittel in einer Patientenablage alle zehn Minuten dokumentiert werden. Aber auch die Übungsleitstelle sollte alle Rückmeldungen inkl. Zeiten dokumentieren, um so den korrekten Übungsablauf darzustellen. Auch Videoaufzeichnungen oder Helmkameras wären für die Nachbereitung eine sehr gute Option. Nachteil ist jedoch, dass entweder das Filmmaterial im Vorfeld gesichtet oder aber es komplett abgespielt werden muss, was sehr viel Zeit in Anspruch nimmt. So reicht es bei einer kleinen Gruppe aus, wenn ein erfahrener Ausbilder/Trainer die Übung allein begleitet. Bei großen Gruppen bzw. bei der Führungssimulation muss das Trainerteam größer sein, da steuernde Maßnahmen erforderlich sind und die Übung von mehreren Positionen aus beobachtet werden muss.

Auf folgende Aspekte sollten Beobachter achten:

- Wie ist die Kommunikation untereinander?
- Werden geplante Prozesse eingehalten?
- Wenn nicht, was ist der Grund dafür, dass dies nicht funktioniert?
- Werden Handgriffe wie die Kennzeichnung vorgesichteter Patienten korrekt durchgeführt?
- Werden die Regeln der Übung eingehalten?
- Zu welchem Zeitpunkt erfolgt was? Wie sieht es zu dem Zeitpunkt in anderen Bereichen aus? Beginnt evtl. der Abtransport von „gelben" Patienten obwohl noch „rote" Patienten vorhanden sind?
- Spezielle Beobachtung des Lernziels:
  - Wie verhält sich der Leiter Erstversorgung?
  - Werden lebensrettende Maßnahmen in der Vorsichtung durchgeführt usw.?

Nach der Übung müssen sich zunächst die Beobachter selbst austauschen. Hier könnten folgende Leitfragen helfen:

- Was lief gut?
- Was lief nicht optimal?
- Was sollten die Teilnehmer für die Zukunft mitnehmen?

Je nach Teilnehmergruppe kann diese in der Zwischenzeit ebenfalls in eine erste gemeinsame Nachbesprechung gehen und ihre Punkte zusammentragen. Manchmal werden noch Punkte aufgedeckt, die die Ausbilder/Trainer nicht gesehen haben.

Zu Beginn der Nachbesprechung muss eine Atmosphäre geschaffen werden, in der offen miteinander geredet werden kann und keine Konsequenzen befürchtet werden müssen.

Ziel der Nachbesprechung ist es, die durchgeführten Maßnahmen zu diskutieren. Eine Schuldzuweisung an einzelne Teilnehmer muss von vornherein unterbunden werden. Wurden einzelne Maßnahmen nicht adäquat durchgeführt, müssen Strategien entwickelt werden, wie die Durchführung der Maßnahmen verbessert werden kann (z.B. durch das korrekte Abarbeiten von Checklisten). Eventuell wird so auch weiterer Schulungsbedarf sichtbar. Der Ausbilder/Trainer sollte den Teilnehmern Leitfragen für die Nachbesprechung an die Hand geben; das könnten u.a. sein:

- Welche Informationen lagen wem vor?
- Welche Maßnahmen wurden daraufhin eingeleitet bzw. durchgeführt?
- Lagen allen Teilnehmern die gleichen Informationen vor?
- ...

Eine solche Nachbesprechung ist auch geeignet, um Systeme für Einsatznachbesprechungen zu präsentieren, wie z.B. den After Action Review. Folgende Fragen könnten diskutiert werden:

1) Was war geplant?
2) Was ist passiert?
3) Warum ist es so passiert?
4) Was können wir machen, damit das nicht noch einmal passiert? Was wollen wir das nächste Mal besser machen?

Im Mittelpunkt steht der vierte Punkt: Was wollen wir besser machen? Dies wird auf Moderationskarten niedergeschrieben und an eine Pinnwand geheftet. Für darauffolgende Nachbesprechungen hilft es zu überprüfen, ob sich die Lernkurve nach oben entwickelt oder ob immer noch dieselben Fehler gemacht werden. Der Ausbilder/Trainer kann bei den nächsten Übungen ein genaues Augenmerk auf diesen Punkt richten.

Lautet das Lernziel, spezielle Funktionen zu trainieren, ist es häufig der Wunsch der Teilnehmer, ein persönliches Feedback im Einzelgespräch zu erhalten. Dies kostet mehr Zeit, dieses individuelle Feedback ist jedoch für den einzelnen Teilnehmer äußerst wertvoll.

Abbildungsnachweis

Alle hier nicht genannten Abbildungen wurden vom Verlag nach den Vorgaben der Autoren erstellt.

Andreas Knickmann
Abb. 4

Bundesamt für Bevölkerungsschutz und Katastrophenhilfe
Abb. 1, 2, 3

Malte Pütz
Abb. 10

Timo Subat
Abb. 8, 9

Umschlagfoto
M. Biallas / S. Friedrichs

Literaturverzeichnis

Ausschuss Feuerwehrangelegenheiten, Katastrophenschutz und zivile Verteidigung (AFKzV) (Hrsg.) (1999) Feuerwehr-Dienstvorschrift 100 (FwDV 100) „Führung und Leitung im Einsatz: Führungssystem" Ausgabe vom 10. März 1999.

Bloom BS (1976) Taxonomie von Lernzielen im kognitiven Bereich. Beltz: Weinheim, Basel.

Brüne F, Polheim W, Kalff D, Lenz W (2014) Die Patientenablage. SEGmente 12. Stumpf + Kossendy: Edewecht.

Bundesamt für Bevölkerungsschutz und Katastrophenhilfe (BBK) (Hrsg.) (2010) Handbuch zur Dynamischen Patientensimulation (dPS) Teil 1: Handbuch für Ausbilder. BBK: Bonn.

Bundesamt für Bevölkerungsschutz und Katastrophenhilfe (BBK) (Hrsg.) (2015) Einsatzübungen. Bevölkerungsschutz 2.

Bundesamt für Bevölkerungsschutz und Katastrophenhilfe (BBK) (Hrsg.) (2018) BBK-Glossar. Ausgewählte zentrale Begriffe des Bevölkerungsschutzes. 2. Aufl. BBK: Bonn.

Deutsches Institut für Normung e.V. (2015) DIN 13050: Begriffe im Rettungswesen. Beuth: Berlin.

Deutsches Rotes Kreuz (Hrsg.) (2013) Handbuch Erwachsenengerechte Unterrichtsgestaltung. 3. Aufl., DRK: Berlin.

Dietl S, Dinkelbach R, Schüller S (2015) Protokoll zu 6. Sichtungs-Konsensus-Konferenz, Arbeitsgruppe „Vorsichtung". BBK: Bonn.

Eggenberger D (2014) Kursunterlagen Ausbildungsmethoden – Methodik und Didaktik für Lehrbetriebe. Online unter https://paeda-logics.ch (Zugriff am 9. März 2020).

Grönheim M, Kemperdick C (2018) Ausbildung und praktische Anleitung am Lernort Rettungswache. Ausbilden im Rettungsdienst Band 1. Stumpf + Kossendey: Edewecht.

Kaspari T (2000) Zentrale Begriffe des Zivil- und Katastrophenschutzes. Ständige Konferenz für Katastrophenvorsorge und Katastrophenschutz (SSK): Köln.

Rall M, Oberfrank S (2016) Simulation – Was ist das überhaupt? In: Hackstein A, Hagemann V, Kaufmann F v, Regener H (Hrsg.) Handbuch Simulation. Stumpf + Kossendey: Edewecht, S. 15–32.

Rebuck J (2017) Protokoll zur 7. Sichtungs-Konsensus-Konferenz, Arbeitsgruppe „Vorsichtung". BBK: Bonn. Online unter www.bbk.bund.de/SharedDocs/Downloads/BBK/DE/Downloads/GesBevS/Arbeitsgruppe_Vorsichtung.pdf (Zugriff am 2. März 2020).

Rohrmann A, de Faber R, Wollermann M (2019) Protokoll zur 8. Sichtungs-Konsensus-Konferenz. BBK: Bonn. Online unter https://www.bbk.bund.de/SharedDocs/Downloads/BBK/DE/Downloads/GesBevS/8_Sichtungs-Konsensus-Konferenz.pdf (Zugriff am 26. Oktober 2020).

Über die Autoren

Andreas Knickmann ist Lehrbeauftragter bei der Qualitätssicherungsstelle Erste Hilfe. Neben seinen pädagogischen Qualifikationen als Dozent in der Erwachsenenbildung und im Gesundheitswesen war er jahrelang als Praxisanleiter in der Notfallmedizin, Referatsleiter Rettungsdienstliche Führungskräfteausbildung, Lehrbeauftragter sowie stellvertretender Schulleiter tätig. Im DRK-Kreisverband Köln e.V. übernimmt er ehrenamtlich die Funktion als Einsatzleiter und Pressesprecher. Er unterrichtet an der Akademie für Krisenmanagement, Notfallplanung und Zivilschutz des Bundesamtes für Bevölkerungsschutz und Katastrophenhilfe im Bereich Katastrophenmedizin. Außerdem ist er Mitglied der Rheinischen Projektgruppe Ü-MANV, Fachberater für den Sanitäts- und Betreuungsdienst in der Mobilen Führungsunterstützung Rheinland. Seit 2016 ist er Redaktionsmitglied der Fachzeitschrift IM EINSATZ. Er ist Herausgeber der 4. Auflage des „Handbuch für Organisatorischen Leiter und Leitenden Notarzt (Stumpf+Kossendey 2020) und Autor des DRK-Handbuches Erste Hilfe sowie Mitautor diverser DRK-Lehrunterlagen.

Malte Pütz ist Rettungsingenieur und im Bereich der MANV-Planung bei der Rettungsdienst Kreis Düren AöR und in dem örtlichen Notfallbildungszentrum als Dozent für die Einsatztaktik tätig. Er ist Rettungssanitäter, Verbandsführer und Organisatorischer Leiter Rettungsdienst. Im DRK-Kreisverband Köln e.V. ist er ehrenamtlich in der Funktion einer Stabsstelle für Einsatzplanung und -durchführung der Kreisbereitschaftsleitung eingesetzt. Regelmäßig nimmt er die Funktion des DRK-Einsatzleiters und, in Ad-hoc Einsatzlagen, des A-Dienstes wahr. Im Rahmen der Mobilen Führungsunterstützung Rheinland ist er Fachberater für den Rettungs- und Sanitätsdienst.

Timo Subat ist Notfallsanitäter und Verantwortlicher der Stabsstelle MANV im kommunalisierten Rettungsdienst des Oberbergischen Kreises. Er leitet eine Schnelleinsatzgruppe Transportorganisation, die sich ausschließlich aus hauptamtlichen Einsatzkräften des Oberbergischen Kreises rekrutiert. Er ist Organisatorischer Leiter Rettungsdienst und Verbandsführer. Als Gastdozent unterrichtet er an der Akademie für Krisenmanagement, Notfallplanung und Zivilschutz des Bundesamtes für Bevölkerungsschutz und Katastrophenhilfe, der Akademie Gesundheitswirtschaft und Senioren (AGewiS, Oberbergischer Kreis) sowie bei der medi-co consulting GmbH im Bereich Katastrophenmedizin und rettungsdienstlicher Führungskräfteausbildung.